# NIETZSCHE, FILÓSOFO DA SUSPEITA

Scarlett Marton

# NIETZSCHE, FILÓSOFO DA SUSPEITA

Segunda edição revista e ampliada

COLEÇÃO ENSAIOS

**autêntica**

Copyright © 2024 Scarlett Marton
Copyright desta edição © 2024 Autêntica Editora

A primeira edição deste livro foi publicada em 2010 pela Casa da Palavra.

Todos os direitos reservados pela Autêntica Editora Ltda. Nenhuma parte desta publicação poderá ser reproduzida, seja por meios mecânicos, eletrônicos, seja via cópia xerográfica, sem a autorização prévia da Editora.

COORDENADOR DA
COLEÇÃO ENSAIOS
*Ricardo Musse*

EDITORAS RESPONSÁVEIS
*Rejane Dias*
*Cecília Martins*

REVISÃO
*Rafael Rodrigues*

CAPA
*Alberto Bittencourt*

DIAGRAMAÇÃO
*Waldênia Alvarenga*

**Dados Internacionais de Catalogação na Publicação (CIP)**
**Câmara Brasileira do Livro, SP, Brasil**

Marton, Scarlett
  Nietzsche, filósofo da suspeita / Scarlett Marton. -- 2. ed. -- Belo Horizonte: Autêntica, 2024. -- (Coleção Ensaios)

  ISBN 978-65-5928-356-9

  1. Filosofia alemã 2. Nietzsche, Friedrich Wilhelm, 1844-1900 - Filosofia 3. Sociologia I. Título. II. Série.

23-181235                                                      CDD-193

**Índices para catálogo sistemático:**
1. Nietzsche : Filosofia alemã 193

Eliane de Freitas Leite - Bibliotecária - CRB 8/8415

**Belo Horizonte**
Rua Carlos Turner, 420
Silveira . 31140-520
Belo Horizonte . MG
Tel.: (55 31) 3465 4500

**São Paulo**
Av. Paulista, 2.073, Conjunto Nacional
Horsa I . Sala 309 . Bela Vista
01311-940 . São Paulo . SP
Tel.: (55 11) 3034 4468

www.grupoautentica.com.br
SAC: atendimentoleitor@grupoautentica.com.br

Nietzsche e suas provocações ............7

## Nietzsche, de modo algum filósofo ............11
*Escritor entre tantos?* ............11
*Poeta que enlouqueceu?* ............13
*Pensador antissistemático?* ............16
*Autor contraditório?* ............18
*Pondo sob suspeita essas quatro crenças* ............19

## Nietzsche, precursor do nazismo ............39
*Profeta do nacional-socialismo?* ............39
*Autor nacionalista?* ............40
*Pensador antissemita?* ............41
*Apologista da força bruta?* ............43
*Pondo sob suspeita essas quatro convicções* ......45

## Nietzsche, irracionalista e niilista ............69
*Destruidor dos valores democráticos?* ............69
*Autor misógino?* ............70
*Demolidor do cristianismo?* ............72
*Pensador iconoclasta?* ............74
*Pondo sob suspeita esses quatro preconceitos* .....75

**As provocações de Nietzsche** ..........103

   *Desnecessário e inoperante?* ..........103

   *Sem escola ou seguidores?* ..........104

   *Aversivo ou fascinante?* ..........105

   *Lidando com as provocações de Nietzsche* ..........107

**Biografia intelectual** ..........117

**Indicações para leitura** ..........129

**Sobre a autora** ..........141

# Nietzsche e suas provocações

Conhecido sobretudo por filosofar a golpes de martelo, desafiar normas e destruir ídolos, este pensador, um dos mais controvertidos de nosso tempo, deixou uma obra polêmica que continua no centro do debate filosófico.

Mas não é apenas aos acadêmicos e estudiosos de filosofia que Nietzsche se dirige. Ele vem pôr em questão nossa maneira de pensar, agir e sentir. Desestabiliza nossa lógica, nosso modo habitual de pensar, quando tenta implodir os dualismos, fazendo ver que, ao contrário do que julgamos, a verdade não é necessariamente o oposto do erro. Desafia nosso modo costumeiro de agir, quando critica de forma contundente os valores que entre nós ainda vigem, mostrando que, ao contrário do que supomos, o bem nem sempre contribui para o prosperar da humanidade e o mal, para a sua degeneração. Provoca nosso modo usual de sentir, quando ataca com determinação a religião cristã e a moral do ressentimento, tornando evidente que, ao contrário do que acreditamos, nós, seres humanos, nada temos de divino.

Nietzsche, filósofo da suspeita, convida o leitor a pôr continuamente em causa seus preconceitos, crenças e convicções. Não é por acaso que sua obra será desacreditada, distorcida, deturpada – por ingenuidade ou má-fé.

Nenhum outro pensador suscitou, tanto pela sua vida quanto pelas suas ideias, tanto interesse e curiosidade. Antes de tudo, Nietzsche não queria ser confundido. Para sua surpresa e horror, tanto antissemitas quanto anarquistas se diziam seus adeptos. Ao longo de décadas, ele será evocado por socialistas, nazistas e fascistas, cristãos, judeus e ateus. Pensadores e literatos, jornalistas e homens políticos terão nele um ponto de referência, atacando ou defendendo suas ideias, reivindicando ou exorcizando seu pensamento. Dessa perspectiva, quem julgou compreendê-lo equivocou-se a seu respeito; quem não o compreendeu julgou-o equivocado.

Com os anos, começaram a surgir as mais diversas interpretações da filosofia de Nietzsche. E os que se ocuparam com os seus escritos não cessaram de divergir. Alguns fizeram dele o precursor do nazismo e outros, um pensador dos mais revolucionários. Alguns o encararam como o defensor do ateísmo e outros, como um cristão ressentido. Há os que o consideraram o crítico da ideologia, no sentido marxista da palavra, e os que o viram como o inspirador da psicanálise. Há os que o tomaram por arauto do irracionalismo e os que o perceberam como o fundador de uma nova seita, o guru dos tempos modernos.

E multiplicaram-se as interpretações de suas ideias. Alguns tentaram esclarecer os textos partindo de uma abordagem psicológica. Entendiam as possíveis contradições neles presentes como manifestação de conflitos pessoais; percebiam suas ideias como uma "biografia involuntária de sua alma"; compreendiam, em particular, sua concepção de além-do-homem como fruto de uma "filosofia de temperamento". Outros, apoiando-se na psicanálise, diagnosticaram seu pensamento como expressão de uma personalidade neurótica. Encaravam a concepção de vontade de potência como tradução filosófica do jogo de seus mecanismos inconscientes; relacionavam esse mesmo conceito com seu sentimento de inferioridade; tomavam as teses da morte de Deus e do surgimento do além-do-homem como o ponto de chegada de um processo que remontava às origens da consciência moderna.

Seus escritos repercutiram nas áreas mais diversas: na literatura, nas artes, na psicanálise, na política, na filosofia. Seus textos causaram impacto não apenas na Alemanha ou mesmo na Europa; eles marcaram as experiências de sucessivas gerações do mundo ocidental.

*Nietzsche, filósofo da suspeita* convida o leitor a questionar-se sem cessar. E por que não levar a sério o convite que ele nos faz e colocar sob suspeita as crenças, convicções e preconceitos que temos a respeito dele mesmo?

Esse é precisamente o propósito deste livro.

# Nietzsche, de modo algum filósofo

## Escritor entre tantos?

Na tentativa de desqualificar sua reflexão, durante muito tempo consideraram Nietzsche literato, poeta ou, quando muito, poeta-filósofo. Em setembro de 1888, ele começou a ser reconhecido. Alguns meses antes de sofrer o colapso psíquico em Turim, Georg Brandes relatava-lhe o sucesso das conferências sobre sua filosofia na Universidade de Copenhague; August Strindberg participava-lhe a emoção causada pela virulência de suas palavras e coragem de suas ideias. De São Petersburgo e de Nova Iorque, chegavam às suas mãos as primeiras cartas de admiradores. Com o fim da vida intelectual, veio a fama. Então, foi acima de tudo sua biografia e seu estilo que despertaram interesse.

No início do século XX, a influência do filósofo exercia-se muito mais na literatura do que em qualquer outro campo. Nele se inspiraram não só autores naturalistas e expressionistas alemães menos conhecidos, como escritores de renome: Stefan George, Thomas Mann e, depois, Robert Musil e Hermann Hesse. Muitos partiam do princípio de que Nietzsche não tinha elaborado um programa, mas criado uma atmosfera: o importante era respirar o ar de seus escritos. Fascinados por sua linguagem, nele redescobriam a sonoridade pura e cristalina das palavras, a correspondência exata entre nuanças de sons e sentidos, a nova perfeição da língua alemã. Viam-no sobretudo como um fino estilista, deixando de lado o confronto com seu pensamento.

É fato que suas metáforas, parábolas e aforismos exerceram uma atração tal que dificultou o contato com suas ideias. Também é fato que, nas últimas décadas, apareceram estudos relevantes sobre o seu estilo.[1] Mas, a partir daí, começaram a proliferar textos estilísticos de caráter diverso; com frequência, abandonam quase por completo o exame das ideias do filósofo. Alguns limitam-se

---

[1] Basta lembrar a obra de Alexander Nehamas que tem por título *Nietzsche, life as literature* (Harvard: Harvard University Press, 1985); em francês, *Nietzsche, la vie comme littérature* (Trad. Véronique Béghain. Paris: PUF, 1994); em espanhol, *Nietzsche, la vida como literatura* (Trad. Ramón García Rodriguez. México: Editorial Turner, 2002).

a analisar figuras literárias presentes em seus escritos; outros restringem-se a compará-los com os de diferentes escritores.

O que esperar, hoje, de um estudo que trate do estilo de Nietzsche? A meu ver, o que ainda está por fazer é explorar o vínculo indissociável entre o conteúdo filosófico e as formas estilísticas presentes em seus livros.

## Poeta que enlouqueceu?

Com o intuito de desmerecer sua filosofia, perguntaram por que levar a sério os vaticínios de um louco. É fato que, nas primeiras décadas do século XX, a internação de Nietzsche num asilo de alienados atraiu as atenções e aguçou a curiosidade; o interesse despertado por sua biografia atenuou a força de suas ideias. Tudo se passava como se a crise em que mergulhara o envolvesse numa aura de mistérios, conferindo a afirmações suas o peso das proclamações de um profeta. Nos "círculos nietzschianos" que então começavam a proliferar em toda a Alemanha, genialidade e loucura eram termos indissociáveis.

Logo depois da crise de 1889, decidiram colocar Nietzsche "no seu devido lugar". Dispuseram-se a fazer uma reavaliação retrospectiva das ideias à luz do enlouquecimento; atribuíram diferentes datas à manifestação dos primeiros sintomas da doença mental. Tentaram detectar os escritos redigidos sob o efeito das drogas; foram unânimes em ver nos textos de Turim a influência do cloral. Enfim, não foram poucos os que se aproveitaram do estado em que Nietzsche mergulhou para desacreditar sua obra. Tais atitudes não se pautaram por motivos teóricos; elas visaram a construir e divulgar certa imagem do filósofo, que se eximia de levar em conta sua reflexão.

Passados cem anos, estilo e biografia voltam a ocupar a cena. É bem verdade que, nesse ínterim, surgiram trabalhos de peso.[2] Nos últimos tempos, porém, cresceu o número de textos biográficos; em geral, são livros dispensáveis que nada acrescentam ao que já se sabe. Alguns chegam a prestar desserviço,

---

[2] Daniel Halévy e, depois, Curt Paul Janz examinaram em seus trabalhos, de modo abrangente e perscrutante, a vida do filósofo. No caso de Halévy, trata-se de *Nietzsche* (Paris: Bernard Grasset, 1944); em português, *Nietzsche: Uma biografia* (Trad. Roberto Cortes de Lacerda e Waltensir Dutra. Rio de Janeiro: Campus, 1999). No caso de Janz, *Friedrich Nietzsche: Biographie* (Viena: Carl Hanser Verlag, 1978-1979. 3 v.); em português, *Friedrich Nietzsche: Uma biografia* (Trad. Markus A. Hediger. Rio de Janeiro: Editora Vozes, 2015, 3 v.).

expressando os preconceitos e as preferências de seus autores;[3] outros, nem sequer verossímeis, não hesitam em flertar com a ficção.[4]

O que esperar, hoje, de uma biografia de Nietzsche? No meu entender, se ainda resta algo a fazer é reconstituir seu percurso intelectual, resgatando seus referenciais teóricos, científicos e culturais, enfim, reinscrevendo-o em sua época.

---

[3] Que se tome, por exemplo, o livro de Paul Strathern intitulado *Nietzsche em 90 minutos* (Trad. Maria Helena Geordane. Rio de Janeiro: Zahar, 1997). É de modo superficial que ele julga os principais escritos de Nietzsche. Quando lançou *Humano, demasiado humano*, os admiradores do filósofo "achavam que o que ele fazia não era filosofia e estavam certos" (p. 31). Em *Assim falava Zaratustra*, "que não é legível senão para os adolescentes", "a filosofia, como tal, é quase negligenciável" (p. 35). E, em *Ecce homo*, Nietzsche "nos dá conselhos a respeito do álcool, endossa o cacau sem gordura e elogia seus hábitos intestinais" (p. 41).

[4] Uma exceção notável é o livro de Irvin D. Yalom que traz o título *Quando Nietzsche chorou* (Trad. Ivo Korytowski. Rio de Janeiro: Editora Harpercollins Brasil, 2019; no original, *When Nietzsche wept*. Nova York: Basic Books, 1992). Obra de ficção, apresenta as ideias do filósofo de forma mais fidedigna do que muitos livros de introdução ao seu pensamento.

## Pensador antissistemático?

Mesmo estudiosos de Nietzsche procuraram expulsá-lo da seara filosófica; concluíram que não construíra um sistema. É fato que ele não se pretende um pensador sistemático. E isso não se deve apenas às formas estilísticas que adota ou ao tratamento específico que dá a certas questões. Deve-se sobretudo à sua recusa, explícita, dos sistemas filosóficos; não são raras as vezes em que a eles se opõe.[5] Mas o ponto central de sua crítica não reside no fato de apresentarem uma unidade metodológica, e sim de fixarem uma dogmática. Tampouco são raras as ocasiões em que se opõe aos espíritos sistemáticos.[6] Ao pretenderem

---

[5] Num fragmento póstumo, afirma: "não sou limitado o bastante para um sistema – nem mesmo para *meu* sistema..." (*Fragmento póstumo* (255) 10 [146] do outono de 1887 (tradução de Scarlett Marton, a partir de agora designada como SM), *KSA* 12.538). Utilizo as edições das obras de Nietzsche (*Werke. Kritische Studienausgabe* (KSA). Berlim: Walter de Gruyter & Co., 1988) e de sua correspondência (*Sämtliche Briefe. Kritische Studienausgabe* (KSB). Berlim: Walter de Gruyter & Co., 1986), organizadas por Giorgio Colli e Mazzino Montinari.

[6] Na *Aurora,* assegura: "Existe uma comédia dos espíritos sistemáticos; querendo perfazer um sistema e arredondar o horizonte que o cerca, forçam-se a pôr em cena as qualidades mais fracas no mesmo estilo das qualidades mais fortes –

impor ao pensamento caráter monolítico, eles seriam levados a desistir da busca, abandonar a pesquisa, abrir mão da criatividade. Acreditando precisar de amplos horizontes para ter grandes ideias, Nietzsche nega-se a encerrar o pensamento numa totalidade coesa, mas fechada. Pondo-se como um pensador assistemático, e mesmo antissistemático, manifesta sua dissonância em face de certa concepção do saber, que identifica filosofia e sistema.

Contudo, coerência e sistema não são noções que necessariamente coincidem. Se o autor de *Para além de bem e mal* não se pretende um pensador sistemático, isso não o impede de se mostrar coerente. E a coerência reside, aqui, no caráter experimental de sua filosofia. Nos textos, querer fazer experimentos com o pensar encontra tradução em perseguir uma ideia em seus múltiplos aspectos, abordar uma questão a partir de vários ângulos de visão, tratar de um tema assumindo diversos pontos de vista, enfim, refletir sobre uma problemática adotando diferentes perspectivas.

São várias as passagens em que Nietzsche convida o leitor à experimentação, seja por entender que nós, humanos, não passamos de experiências, seja por acreditar que não devemos nos furtar a fazer

---

querem apresentar-se como naturezas inteiras e homogêneas em sua força" (*Aurora* § 318 (SM), *KSA* 3.228).

experiências com nós mesmos. Seus escritos, tentativas renovadas de refletir sobre algumas questões, possibilitam experimentos com o próprio pensar.

## Autor contraditório?

Até comentadores de Nietzsche tentaram bani-lo do domínio da reflexão filosófica; sustentaram que sua obra abrigava enunciados contraditórios. É fato que o confronto com seus livros traz à tona as contradições neles presentes. Aparentes, elas se devem, em parte, às estratégias de que lança mão e, em parte, às formas estilísticas a que recorre.

Fino estrategista, o filósofo se alia com frequência a adversários declarados para combater outros, com o intuito de, por fim, declarar guerra àqueles a quem de início se aliara. Dependendo de seu alvo de ataque, uma mesma proposição pode ser assertiva ou soar irônica. Por outro lado, se perseguir uma ideia é abandonar várias outras pelo caminho, o que é o aforismo – um de seus modos de expressão privilegiados – senão a possibilidade de perseguir uma mesma ideia a partir de diversos ângulos de visão? Dependendo da perspectiva adotada, uma mesma ideia acaba por assumir diferentes sentidos.

Nessa medida, as contradições que se deparam em seus escritos são necessárias, tornam-se compreensíveis e acabam por dissolver-se. Examinadas de perto, elas se acham a serviço das múltiplas estratégias e formas estilísticas presentes em seus livros e concorrem, em particular, para tornar o estilo aforismático tão adequado ao seu modo de pensar, tão adequado ao perspectivismo que é um dos aspectos marcantes de sua filosofia.

## Pondo sob suspeita essas quatro crenças

Há mais de cento e trinta anos Nietzsche se tornava o centro das atenções. Mas foi necessário esperar muito tempo para que fosse admitido no panteão da filosofia. A vários fatores, sem dúvida, se deve tanta resistência em tratá-lo como filósofo.

À diferença de um Kant, que busca uma uniformidade de estilo em seus trabalhos, Nietzsche não hesita em experimentar em seus escritos as mais variadas formas estilísticas. No *Nascimento da tragédia* e na *Genealogia da moral,* ele escolhe o discurso contínuo; nas *Considerações extemporâneas*, assume o caráter polêmico; no *Ecce homo,* elege o tom autobiográfico; nos *Ditirambos de Dioniso*, lança mão da linguagem poética; e nos outros textos, que constituem boa parte de sua obra, privilegia o estilo aforismático, apresentando máximas vigorosas e veementes. Pois, como ele mesmo afirma: "Levando em conta que a multiplicidade de estados interiores em mim é extraordinária, há em mim muitas possibilidades de estilo – a mais variada arte do estilo de que um homem já dispôs".[7]

Ao contrário de um Hegel, que procura expressar suas ideias conceitual e logicamente, é a outros expedientes que Nietzsche recorre. Em *Assim falava Zaratustra*, por exemplo, ele jamais lança mão da linguagem conceitual. As posições que avança tampouco se baseiam em argumentos ou razões; assentam-se em vivências. Tanto é que o protagonista diz a um de seus discípulos: "Por quê? Perguntas por quê? Não sou daqueles a quem se tem o direito de perguntar por seu porquê. Acaso é de ontem a minha vivência? Há muito que vivenciei as razões de minhas opiniões".[8] Recusando teorias e doutrinas, rejeitando a erudição, Zaratustra sempre apela para sua experiência singular. É com o intuito de reforçar essa atitude que, repetidas vezes, recorre à imagem do sangue. "De todos os escritos", diz ele, "amo apenas o que alguém escreve com seu sangue."[9]

---

[7] *Ecce homo*, "Por que escrevo livros tão bons", § 4 (SM), *KSA* 6.304.

[8] *Assim falava Zaratustra*, Segunda Parte, "Dos poetas" (SM), *KSA* 4.163.

[9] *Assim falava Zaratustra*, Primeira Parte, "Do ler e escrever" (SM), *KSA* 4.48. Cf. nessa mesma direção *Fragmento*

Distinguindo-se da maioria dos filósofos, que em geral se conformam aos padrões de expressão usuais, Nietzsche critica de modo veemente a língua tradicional da filosofia e, pelo mesmo movimento, põe em prática uma língua nova e estrangeira. *Assim falava Zaratustra* é o caso mais notável; constitui uma dupla exceção. É uma exceção no contexto da escrita filosófica em geral e, outra, no conjunto de seus próprios escritos. À primeira vista, a nova linguagem que Nietzsche inventa parece uma mistura de "verdade" e "poesia" – o que contribuiria para reforçar a posição de que ele não passa de literato ou poeta. Dessa perspectiva, o livro poderia ser lido como um "romance de aventuras", uma vez que conta as peripécias de Zaratustra, ou um "romance psicológico", já que enfatiza sua vida interior, ou até mesmo, a exemplo do *Werther* de Goethe e da *Educação sentimental* de Flaubert, como um "romance de formação". Mas, nele, querendo diferenciar-se da prática habitual dos filósofos, o autor recusa-se a opor ciência e sabedoria.

---

*póstumo* 4 [271] do verão de 1880, *KSA* 9.167 (SM), onde Nietzsche declara: "Todas as verdades são para mim verdades sangrentas" e *Fragmento póstumo* 4 [285] do mesmo período, *KSA* 9. 170, onde ele afirma: "Sempre escrevi minhas obras com todo o meu corpo e a minha vida; ignoro o que sejam problemas 'puramente espirituais'".

Procurando permanecer fiel às suas ideias, tenta recuperar, ao expressá-las, a unidade original do conceito e da imagem.[10] E, com isso, retorna ao gênero do poema didático, a que recorreram pensadores de Parmênides a Lucrécio. Ele não se apresenta, pois, como um poeta-filósofo, e sim como o renovador moderno da língua mais antiga da filosofia.

Não é por acaso que num primeiro momento a Nietzsche se tenha recusado o acesso à seara filosófica. De fato, entre 1890 e 1920, na Europa de modo geral e, em particular, na Alemanha, na França e na Itália, foram as vanguardas literárias e artísticas que se interessaram pela sua obra. E, logo em seguida, foi o grande público que com ela se entusiasmou.[11]

Foi somente a partir da década de 1930 que começou a haver consenso quanto à existência de

---

[10] Desde os seus primeiros textos, Nietzsche parece preocupar-se com as possíveis relações entre conceito e imagem. Inquietações dessa ordem já se encontram nas *Considerações extemporâneas*. Numa delas, ele afirma: "Wagner forçou a linguagem a voltar a seu estado original, em que ela ainda quase não pensa com conceitos, em que ela própria ainda é poesia, imagem e sentimento" (*Quarta consideração extemporânea: Richard Wagner em Bayreuth* § 9 (SM), *KSA* 1.486).

[11] Para aprofundar esse ponto, cf. MARTON, Scarlett. *Nietzsche, "o bom europeu". A recepção na Alemanha, na França e na Itália*. São Paulo: Editora Unifesp, 2022.

uma filosofia nietzschiana. Então, vieram a público trabalhos sistemáticos de capital importância; as obras de Jaspers,[12] Löwith[13] e Kaufmann,[14] por exemplo, converteram-se em referenciais determinantes para a pesquisa das ideias do autor da *Genealogia da moral*. Mais recentemente, porém, textos desse teor cederam lugar a estudos pontuais, que lidam com questões específicas em determinado livro ou até em determinadas passagens. Entendo que, se estes desempenham o seu papel, nem por isso se encontram em condições de substituir as visões de conjunto do legado nietzschiano. E ainda há muito o que fazer nesse sentido.

---

[12] Cf. JASPERS, Karl. *Nietzsche – Einführung in das Verständnis seines Philosophierens*. Berlim: Walter de Gruyter & Co., 1950; em português, *Introdução à filosofia de Friedrich Nietzsche*. Trad. Marco Antonio Casanova. Rio de Janeiro: Forense Universitária, 2015.

[13] Cf. LÖWITH, Karl. *Nietzsches Philosophie der ewigen Wiederkehr des Gleichen*. Hamburgo: Felix Meiner Verlag, 3. ed., 1978; em inglês, *Nietzsche's Philosophy of the Eternal Recurrence of the Same*. Trad. J. Harvey Lomax. Oakland: University of California Press, 1997; em francês, *Nietzsche: philosophie de l'éternel retour du même*. Trad. Anne–Sophie Astrup. Paris: Calmann-Lévy, 1991.

[14] KAUFMANN, Walter. *Nietzsche, Philosopher, Psychologist, Antichrist*. Nova York: The World Publishing Co., 10. ed., 1965.

Mas, para que Nietzsche viesse a ser considerado filósofo, foi preciso sobretudo que se abrisse espaço para sua obra no meio acadêmico. Na verdade, por se conceber de modo ingênuo a história da filosofia, acredita-se que seus grandes nomes se impõem enquanto tais como objeto de conhecimento. "Como não teríamos de ler Kant?" "Como não deveríamos estudar Nietzsche?" No entanto, *Humano, demasiado humano*, por exemplo, só se converte em texto filosófico, a partir do instante em que os estudiosos de filosofia por ele manifestam interesse. Entre o momento em que Nietzsche elaborou o livro e o momento em que ele se torna objeto de conhecimento, há um longo percurso, que só se realiza graças aos leitores qualificados. E estes estão inseridos em conflituosas redes de poder em seus centros de pesquisa e universidades.

Exemplo disso foi o que ocorreu na França nos anos de 1960 e 1970. Então, no contexto das instituições acadêmicas, prevalecia um estilo de trabalho, o da história da filosofia, que se achava essencialmente fundado no comentário de autores consagrados pela tradição. Contra ele, Deleuze, Foucault, Derrida e outros lançaram mão da ideia de interpretação. Substituíram, assim, a busca fiel do verdadeiro sentido do texto filosófico, praticada pela erudição universitária, pela busca livre das potencialidades de significação nele aprisionadas.

Passaram a explorar imagens, símbolos, metáforas, aforismos e poemas. Procuraram conciliar as vias até então divergentes da exegese e da criação e suprimir as fronteiras entre a filosofia e a literatura. E assim levaram o comentário a ceder lugar à interpretação.

Por obra dos pensadores franceses, Nietzsche se torna, assim, o filósofo da interpretação. Bem mais: ele se converte sobretudo no filósofo dos intérpretes. Deixando de relacionar-se com um sentido determinado, sua obra se transforma em suporte dos discursos que ela suscita. Em vez da busca pelo comentário legítimo, presencia-se a coexistência da pluralidade de interpretações. Contra a ideologia acadêmica do texto, confere-se uma dignidade nova ao "leitor" e a ele se atribui a autoridade quanto à pertinência ou não das diferentes leituras.

Com o primado atribuído à interpretação e, por conseguinte, o acordo entre exegese e criação, com o privilégio conferido ao estilo e a tão desejada aproximação da filosofia e da literatura, Foucault, Deleuze e Derrida, dentre outros, lograram levar a bom termo uma empresa tantas vezes abortada na França: a da legitimação filosófica de Nietzsche.

* * *

No Brasil, houve três ocasiões em que a presença do autor das *Considerações extemporâneas* se fez sentir com maior ênfase. Já no início do século XX, suas ideias despertaram interesse entre nós. Aqui chegaram, provavelmente, através do movimento anarquista europeu e, em particular, do espanhol, que as considerava obra de um grande contestador. E seus escritos deixaram marcas em romances e contos brasileiros de teor anarquista.

Poucas décadas depois, seguindo o espírito da época, Nietzsche passou a ser tomado em nosso país como pensador de direita. Por ocasião da Segunda Grande Guerra, artigos ideológicos, que apareciam em revistas de cunho fascista, pretenderam apropriar-se de seu pensamento.

Por fim, na efervescência de Maio de 1968, quando a extrema-esquerda francesa fez dele o suporte de suas teorias, aqui passou a ser visto como iconoclasta. Na França, Foucault, Deleuze, Derrida e outros questionavam conceitos desde sempre presentes na investigação filosófica, punham em xeque noções consagradas pela tradição, subvertiam formas habituais de pensar e incluíam Nietzsche, ao lado de Marx e Freud, entre os "filósofos da suspeita"; em nosso país, quase como uma caixa de ressonância, privilegiava-se a vertente corrosiva do seu pensamento.

Então, Nietzsche passou a nomear um estilo a serviço de um certo sentimento de existência, marcado pela ousadia e irreverência. Invocou-se o seu nome para pôr em causa as instituições e os valores estabelecidos, a maneira bem-comportada de pensar e de agir de nossa sociedade. A ele se recorreu para afirmar a necessidade de transbordamento e excesso, o desejo de êxtase e vertigem. Enfim, dele se lançou mão para proclamar radicalismos políticos e pulsões eróticas; dele se fez o patrono de uma "comunidade de rebeldes imaginários". E assim se formou e cristalizou a imagem de Nietzsche libertário, conhecido sobretudo por filosofar a golpes de martelo, desafiar normas e destruir ídolos.

Contraposta a esta imagem, outra começou a esboçar-se na década de 1980. Então, passaram a alertar contra os perigos do contágio Nietzsche. Afirmaram que ele era um filósofo menor, cuja obra não teria interesse algum para os brasileiros; sustentaram que seus textos nada trariam de novo para nós, pois não dariam resposta para nossas questões; chegaram a declarar que aqui seus escritos poderiam mostrar-se nefastos como já tinham se mostrado na Europa.

No Brasil, Nietzsche tornou-se "popular" durante as décadas de 1970 e 1980; foi então explorado pela mídia, utilizado pelos meios de comunicação, apropriado pelo mercado editorial. Surgiram livros introdutórios a respeito de sua filosofia, textos de divulgação de suas ideias, artigos em jornais e revistas que mencionavam a qualquer propósito palavras suas. Durante anos, dele se falou como se fala de um autor na moda: sem ter conhecimento da densidade de sua reflexão filosófica. E, no afã de publicar, nos nossos dias há quem faça vir à luz escritos pouco elaborados, textos mal-acabados. Ao que parece, tornou-se imperativo escrever sobre Nietzsche — mesmo que seja apenas para dar visibilidade ao próprio trabalho.

De fato, aqui como alhures, o filósofo tornou-se célebre antes de ser conhecido. Ainda hoje não se dispõe de uma edição das obras completas em português. Para o leitor comum, talvez pareça irrelevante discutir e avaliar as diversas edições publicadas em língua estrangeira. Para o estudioso, porém, é imprescindível discernir com clareza os diversos registros em que seus escritos se situam, os livros publicados e as anotações póstumas. Por isso mesmo, a maioria dos pesquisadores brasileiros põe-se de acordo, ainda que de modo tácito, ao adotar a edição crítica organizada por Giorgio Colli e Mazzino Montinari.[15]

Nietzsche chegou à universidade no final da década de 1960. Então, professores a ele recorriam em suas investigações de forma esporádica, sem

---

[15] A esse respeito, cf. MARTON, Scarlett. "Nietzsche: edições, traduções e deturpações". *Cadernos de tradução LELPraT*, v. 1, p. 41-61, 2020.

pretender dar conta do conjunto de seus escritos nem examinar a fundo seus principais conceitos; numa palavra, tomavam-no como objeto de curiosidades intelectuais avulsas. Foi apenas a partir do fim dos anos de 1970 que começaram a surgir trabalhos acadêmicos específicos sobre a filosofia nietzschiana.

Entre nós, duas leituras acabaram por impor-se durante um bom tempo: a de Heidegger e a de Foucault. A leitura de Heidegger[16] chamou a atenção dos que se dedicavam a examinar o pensamento pré-socrático ou a sua própria filosofia; a de Foucault,[17] que aqui esteve nos anos de 1960 e outra vez na década de 1970, atraiu o interesse dos que se empenhavam em investigar questões candentes

---

[16] Cf. em particular HEIDEGGER, Martin. *Nietzsche*. Berlim: Günther Neske Verlag, 1961, 2 v.; em português, *Nietzsche*. Trad. Marco Antônio Casanova. Rio de Janeiro: Forense Universitária, 2007, 2 v.

[17] Cf. FOUCAULT, Michel. "Nietzsche, Freud, Marx". In: *Nietzsche, Cahiers de Royaumont*. Paris: Minuit, 1967, p. 183-192; em português, *Nietzsche, Freud e Marx: theatrum philosoficum*. Trad. Jorge Lima Barreto. São Paulo: Princípio, 1997; "Nietzsche, la généalogie, l'histoire". In: *Hommage à Jean Hyppolite*. Paris: PUF, 1971, p. 145-172; em português, "Nietzsche, a genealogia e a história". In: *Microfísica do poder*. Trad. Roberto Machado. São Paulo: Graal, 11. ed., 1993, p. 15-37.

da época. Enquanto Heidegger, com seu fino e preciso trabalho filológico, julgava que a empresa nietzschiana consistia em levar a metafísica até as últimas consequências, Foucault, com a amplitude e a audácia de sua visão, entendia que ela residia em inaugurar novas técnicas de interpretação. Um atenuava a reflexão de Nietzsche para pôr em relevo a sua própria; o outro dela se apropriava enquanto caixa de ferramentas.

Mas foi através da leitura dos pensadores franceses, em particular de Foucault e Deleuze, que Nietzsche adentrou as ciências humanas. Entre os que para elas se voltavam, mas também entre os estudiosos de filosofia, difundiu-se então no Brasil a prática de lançar mão de Nietzsche como instrumento e de utilizar conceitos seus como operadores. Não tratavam, por certo, de reconstituir o seu pensamento ou de reinscrevê-lo em sua época, assinalando débitos e créditos. Não tratavam tampouco de cotejá-lo com outros sistemas filosóficos ou de comparar verdades doutrinárias, apontando afinidades e divergências. Atentos àquilo que o discurso nietzschiano suscitava, procuravam com a genealogia pôr sob suspeita as mais diversas formações ideológicas.

A mim sempre pareceu que não é enquanto comentador de Nietzsche que Foucault revela todo o seu brilho. Aliás, não é enquanto tal que ele mesmo se apresenta. Pois, uma coisa é, instigados por suas considerações, buscarmos pensar com Nietzsche as questões que para nós hoje se colocam, e outra é, a partir de textos seus, entendermos estar diante de rigorosa exegese de sua obra. E o mesmo vale para Heidegger. Desta última perspectiva, a via proposta por Heidegger e a encontrada em Foucault não dão nem pretendem dar conta da riqueza da filosofia nietzschiana. Ao contrário do que aponta Foucault, Nietzsche não se limita a destruir os valores estabelecidos; empenha-se na construção de toda uma visão de mundo. Ao contrário do que assinala Heidegger, ele não se acha enredado nas teias da metafísica; elabora um pensamento com a marca do pluralismo e do dinamismo. Portanto, quem toma Heidegger e Foucault como comentadores de Nietzsche corre o risco de cometer uma injustiça contra eles – e também contra Nietzsche.

A presença do filósofo permanece, sem sombra de dúvida, incontestável entre nós. Seus textos deixaram marcas indeléveis em nossa cultura. E, nas últimas décadas, a repercussão de seus escritos acabou por fazer-se sentir na música, nas artes plásticas, na literatura, na política, na psicanálise e, por certo, na filosofia.

\* \* \*

Para dar-se conta da riqueza da reflexão de Nietzsche, é preciso frequentar sua obra, explorar suas tramas conceituais, conviver com suas estratégias. É certo que, ao lidar com seus escritos, o leitor não se arrisca a defrontar-se com textos herméticos e impermeáveis a toda abordagem. Também é certo que corre o risco de julgar, iludindo-se, apreender com justeza o que parece facilmente acessível. Mais grave, porém, é este perigo que tem de enfrentar: o de abandonar arbitrariamente a busca e apegar-se ao já conhecido, o de deter-se onde é instado a prosseguir investigando. E nada mais avesso ao espírito nietzschiano que cristalizar convicções.[18]

Bem se sabe que o filósofo lança mão de diversos recursos para induzir seus leitores a um trato penetrante com seus textos. E todos contribuem para incitá-los a portarem-se enquanto filólogos.[19] Recorre a expedientes vários para atraí-los, provocá-los e levá-los a toda espécie de tentações. E todos concorrem para

---

[18] Vale lembrar esta passagem de *Humano, demasiado humano* § 483 (SM), *KSA* 2.317: "As convicções são inimigas mais perigosas da verdade que as mentiras".

[19] Cf. nesse sentido *Ecce homo*, "Por que escrevo livros tão bons", § 5 (SM), *KSA* 6.305: "Que, nos meus escritos, fala um *psicólogo* sem igual, é talvez a primeira constatação a que chega um bom leitor – um leitor tal como mereço e que me lê como os bons filólogos de outrora liam Horácio".

instigá-los a ruminar seus pensamentos.[20] É desta forma que quer ser lido: lentamente, com cuidado e consideração. Do leitor ideal espera coragem e despojamento; exige uma leitura compromissada.[21]

Despojamento e coragem, o filósofo exige igualmente de si mesmo. Recusando-se a conferir caráter monolítico ao texto, nega-se a pôr-se como senhor autoritário do discurso. Tanto é que não procura constranger o leitor a seguir um itinerário preciso, obrigatório e programado. E tampouco busca, com longos raciocínios e minuciosas demonstrações, convencê-lo da pertinência de suas ideias.

Nada mais distante de Nietzsche que o projeto de enclausurar o pensamento; nada mais afastado dele que o propósito de colocar a investigação a serviço da verdade, asfixiá-la sob o peso do incontestável. O autor de *Assim falava Zaratustra* não

---

[20] Cf. nessa direção *Genealogia da moral*, "Prefácio", § 8 (SM), *KSA* 5.256: "É certo que, a praticar desse modo a leitura enquanto *arte*, é necessário algo que precisamente em nossos dias mais se desaprendeu – e por isso exigirá tempo até que meus escritos sejam 'legíveis' – para o qual se deve ser quase vaca e de modo algum 'homem moderno': o *ruminar...*".

[21] Para explorar essa problemática, cf. MARTON, Scarlett. Ler Nietzsche como nietzschiano. Questões de método. In: *Discurso*, v. 48 n. 2, p. 7-24, 2018.

expõe doutrinas; não impõe preceitos. Limita-se – e isso não é pouco – a partilhar ensinamentos, comungar vivências; sabe que a experiência de cada um se dá de acordo com o seu feitio. Em suas vivências singulares, percebe os impulsos que dele se apossam, os afetos que dele se apoderam; nota as estimativas de valor que com esses impulsos se expressam e, no limite, as ideias que com esses afetos se manifestam.

Não é, pois, para um ouvinte apático, que se curva ao que lhe é dito, que o filósofo fala; não é para um leitor conivente, que acata sem restrições o que lhe é imposto, que ele escreve. É outra a relação que conta estabelecer com seus interlocutores. Busca quem experimenta tensões de impulsos, disposições de afetos, similares às suas, numa palavra, quem tem vivências análogas às suas.

A filosofia não se identifica, portanto, com um domínio específico do saber ou uma determinada área do conhecimento, por mais amplos que sejam. Tampouco se confunde com o exercício de certas habilidades ou a maestria na arte de argumentar. Ela não se define como uma reunião de teses, que fixam uma dogmática, ou um conjunto de técnicas, que estabelecem uma metodologia. Ao contrário do que supõem eruditos e epígonos, doutos e filisteus da cultura, a filosofia é – isto sim – tarefa, missão e destino. Pelo menos, é dessa maneira que Nietzsche a concebe.

E a tarefa que ele reivindica para si mesmo, sua missão e destino, consiste em questionar tudo o que até então o ser humano venerou e, pelo mesmo movimento, afirmar tudo o que até então ele negou. Desse modo será possível revelar o que por trás dos valores instituídos se esconde e trazer à luz o que eles mesmos escondem. Mas, se assim se empenha em seus escritos, não é para ainda uma vez censurar, condenar ou rejeitar o que foi banido da reflexão; ao contrário, julga imprescindível justamente afirmar o que lhe trazem "suas andanças pelo proibido".

À sua tarefa, missão e destino, Nietzsche chama de filosofia do meio-dia, filosofia dionisíaca, filosofia experimental. Com a filosofia do meio-dia, ele aponta o "fim do mais longo erro". Contrapondo-se a dois mil anos de história, não admite que exista outro mundo além deste em que nos achamos; não aceita que haja outra vida além desta tal como a vivemos. Durante séculos, o pensar metafísico e o fabular cristão desvalorizaram este mundo em nome de outro, que seria imutável; depreciaram esta vida em nome de outra, que seria eterna; e fizeram do homem um ser dilacerado, composto de corpo e alma. Combatendo a metafísica e a religião cristã, Nietzsche faz ver que elas desprezam os valores em consonância com a Terra, com a vida, com o corpo. Por meio da filosofia do meio-dia, ele conta nomear uma forma de pensar que constitui o "ponto alto da humanidade".

Com a filosofia dionisíaca, Nietzsche indica que o homem partilha o destino de todas as coisas. Se o mundo não é uma criação divina e o homem não foi feito à imagem e semelhança de Deus, a relação entre eles tem de mudar. Se o apogeu da humanidade, seu meio-dia, ocorre quando caem por terra os dualismos, o homem, não mais se definindo em relação à divindade, torna-se criatura e criador de si mesmo. E, ultrapassando-se, acaba por identificar-se ao mundo, a este mundo em que nos achamos aqui e agora. Homem e mundo não mais se opõem; agora acham-se em harmonia. Por pretender destronar o ser humano, que desde a modernidade tentou dominar o mundo, Nietzsche entende que o homem tem de deixar de colocar-se como sujeito frente à realidade para tornar-se parte do mundo. Através da filosofia dionisíaca, ele quer batizar uma forma de pensar que espelha o mundo, que traduz a vida.[22]

Se Nietzsche recorre às três expressões, filosofia experimental, filosofia dionisíaca e filosofia do

---

[22] Para aprofundar esse ponto, cf. MARTON, Scarlett. "Por uma filosofia dionisíaca". In: *Nietzsche, seus leitores e suas leituras*. São Paulo: Barcarolla, 2010, p. 143-156.

meio-dia, para caracterizar o próprio pensamento, lança mão de cada uma delas para enfatizar alguns de seus aspectos. Mas, com a filosofia experimental, sublinha a marca mesma do seu pensar.

Mais do que problema psicológico ou questão existencial, o experimentalismo é opção filosófica. Em *Para além de bem e mal*, Nietzsche combate a concepção mesma da atividade filosófica com que trabalham os filósofos em geral. Com seriedade e insistência, eles se empenham em erguer edifícios "sublimes e incondicionados", que acreditam apresentar verdades últimas e definitivas. Exibindo um saber pretensamente puro e desinteressado, eles se dedicam a edificar construções filosóficas, que julgam ser universalmente válidas.

Contrapondo-se a essa maneira de conceber a atividade filosófica, Nietzsche acena com outra, já no subtítulo do livro: "Prelúdio de uma filosofia do porvir". E, numa passagem de *Para além de bem e mal*, escreve: "Esses filósofos do futuro poderiam ser chamados com razão, talvez também sem razão, de tentadores. Esse nome mesmo é, no fim das contas, apenas uma tentativa e, se se quiser, uma tentação".[23] Em suma, eles fariam experimentos e provocações;

---

[23] *Para além de bem e mal* § 42, *KSA* 5.59.

teriam "o fardo e o dever de cem tentativas e tentações da vida".[24]

Experimentador no mais alto grau, o autor de *Para além de bem e mal* não se limita a indicar outro modo de entender a atividade filosófica, como em certa medida já o põe em prática; não se restringe a anunciar o surgimento dos filósofos do futuro, como de certa forma entre eles se inclui. Tanto é que, no *Ecce homo*, obra em que se dispõe a contar a sua vida, afirma: "filosofia, tal como até agora a entendi e vivi, é a vida voluntária em gelo e altas montanhas – a procura por tudo o que é estrangeiro e problemático na existência, por tudo aquilo que foi exilado pela moral".[25] Pondo-se por inteiro como instrumento para o próprio filosofar, Nietzsche sublinha o estreito vínculo que julga dever existir entre reflexão filosófica e vivência.

Não é por conceber de modo tão peculiar a filosofia que ele deva ser tomado por poeta; não é por entender de maneira tão instigante a atividade filosófica que não possa ser considerado filósofo.

---

[24] *Para além de bem e mal* § 205, *KSA* 5.133.

[25] *Ecce homo*, "Prólogo", § 3 (tradução de Rubens Rodrigues Torres Filho para o volume *Nietzsche* da coleção "Os Pensadores" da Abril Cultural, a partir de agora designada como RRTF), *KSA* 6.258.

# Nietzsche, precursor do nazismo

## Profeta do nacional-socialismo?

Por furtar-se a enfrentar seu pensamento, há quem pretexte ainda hoje os efeitos políticos desastrosos que Nietzsche teria causado. É fato que, por diferentes vias e em várias partes, sua influência precedeu o aparecimento da obra; a difusão de suas ideias antecedeu a tradução dos livros. No início do século XX, na Europa, muitos o consideravam um pensador dos mais revolucionários e, na Espanha, chegavam a vê-lo como um "anarquista intelectual". Passadas poucas décadas, porém, tomaram-no como um dos pilares do nazismo na Alemanha e dele se apropriaram como um pensador de direita na França.

Por certo, houve quem evidenciou a trama que ligava o nome de Nietzsche ao de Hitler. De 1935 a 1945, vários intelectuais – dentre eles Bataille, Klossowski e Jean Wahl, que se reuniam em torno da revista *Acéphale*[26] – empenharam-se em desfazer o

---

[26] Cf. por exemplo BATAILLE, Georges *et allii*. Réparation à Nietzsche. In: *Revue Acéphale*, n. 2 (janeiro de 1937).

equívoco. E, aqui, quando chegava ao auge a difamação do filósofo, Antonio Candido tomou a sua defesa,[27] conclamando a que se levasse em conta "sua técnica de pensamento" e se recuperasse o filósofo Nietzsche.

Se hoje há quem afirme que seus escritos são monstruosos, é porque não quer ver as deturpações de que foram objeto. Assim reaviva-se a imagem de Nietzsche profeta do nacional-socialismo, fruto de uma abordagem superficial.

## Autor nacionalista?

Perseguindo o propósito de se servir de seu nome e de sua obra, no Terceiro Reich associaram Nietzsche aos movimentos nacionalistas. E de todas as deformações que infringiram aos seus textos, esta é, sem dúvida, uma das mais surpreendentes.

No século XIX, ocorrem profundas transformações na Alemanha: a implantação tardia da indústria, o aparecimento de novas camadas sociais. De uma Alemanha particularista e patriarcalista, passa-se a uma Alemanha capitalista e industrial. A Prússia toma as rédeas do processo de unificação dos trinta

---

[27] Em 1946, Antonio Candido, então um jovem crítico literário, publicou o ensaio intitulado "O Portador" no *Diário de São Paulo*. O texto foi incluído no volume *Nietzsche* da coleção "Os Pensadores" da Abril Cultural.

e nove Estados alemães. Entre outras manobras, ela provoca, pelo menos, uma guerra. Forja o aparecimento de um inimigo externo comum a todos, levando a França a declarar-lhe guerra. Vitoriosa, impõe-se hegemônica sobre todo o território e, em 1871, funda o Segundo Reich.

Ao lado de importantes mudanças econômicas e sociopolíticas, outras de igual importância acontecem na esfera da cultura e da educação. Concluído o processo de unificação, a Prússia vê-se obrigada a criar novos laços, para manter unidos em torno dela os diversos Estados. Por isso mesmo, empenha-se em uniformizar a cultura e o ensino, de modo a suprimir as diferenças e especificidades regionais. E assim logra a consolidar a passagem do cosmopolitismo ao nacionalismo.

Voz dissonante no concerto de autocelebração nacional, Nietzsche tudo fará para pôr em causa a euforia reinante. Não poupando ataques à ascensão da Alemanha como potência política, combaterá com veemência o nacionalismo alemão. Pensar de outro modo é ceder a leituras rápidas de sua filosofia.

## Pensador antissemita?

Ao procurar adaptar o pensamento de Nietzsche às tendências da política cultural do Terceiro Reich, fizeram dele um defensor da raça ariana. É fato que uma das características da Europa do século XIX reside no desenvolvimento das teorias raciais. Posição paradigmática é a de Gobineau. Genro de Wagner, ele escreveu o *Ensaio sobre a desigualdade das raças humanas,* publicado entre 1853-1855. Também participou das *Folhas de Bayreuth*, revista fundada em 1878 que circulava entre os wagnerianos. Funcionando como canal de um programa de pangermanismo místico, ela mesclava suas ideias com a doutrina cristã.

Nesse mesmo ano de 1878, Nietzsche recebe o texto final do libreto de *Parsifal*; nota que, enquanto na *Tetralogia* se assistia ao desmoronamento de costumes, leis, pactos e até do Estado, agora, o drama era povoado por ideias cristãs, nacionalistas e antissemitas. A carta, que Wagner então lhe enviou acompanhando o libreto, ficou sem resposta. Assim como se distanciou do compositor, ele irá afastar-se de sua irmã e seu cunhado. Não pode tolerar afirmações como a da superioridade dos arianos. É enquanto um ativo opositor às ideias dos antissemitas que ele se dá a conhecer; e os antissemitas que lhe são contemporâneos bem sabem disso. Seria uma tarefa interminável elencar todas as passagens em que ataca o antissemitismo e nada lhe era mais estranho do que a teoria da raça, que veio a constituir a base das concepções hitlerianas.

Tanto as tentativas mais vulgares quanto as mais respeitáveis de fazer de Nietzsche um pensador antissemita se mostram débeis e inconsistentes. Não querer render-se a essa evidência é curvar-se a abordagens imediatistas que procuram instrumentalizar sua filosofia.

## Apologista da força bruta?

Na tentativa de apropriar-se de sua reflexão, consideraram que Nietzsche se apresentava como um militarista que elogiava sem cessar a guerra. Prova disso seria a sua concepção de vontade de potência. Entendida como desejo de dominação, ela não só autorizaria como justificaria o emprego da força bruta em todas as situações.

É fato que, controvertida, a concepção nietzschiana de vontade de potência permanece objeto das mais diversas interpretações. Tal diversidade não resulta apenas dos pressupostos que norteiam as várias leituras; deve-se também a uma dificuldade técnica. É sobretudo nos fragmentos póstumos, redigidos pelo filósofo entre o verão de 1882 e os primeiros dias de 1889, que tal concepção se acha presente; e só a partir da década de 1970 essas anotações começam a ser publicadas na íntegra.[28]

---

[28] Refiro-me à edição crítica organizada por Giorgio Colli e Mazzino Montinari *Werke. Kritische Studienausgabe*. Berlim: Walter de Gruyter & Co., 1988, 15 v.

No Brasil, as divergências quanto à maneira de se compreender a vontade de potência já se expressam nas formas pelas quais os estudiosos traduzem a expressão *Wille zur Macht*. A meu ver, traduzi-la por vontade de poder, como preferem alguns, pode induzir o leitor a graves equívocos. Dentre eles, está o de tomar o vocábulo "poder" estritamente no sentido político, contribuindo assim para reiterar as apropriações nazistas do pensamento nietzschiano.

Ora, em seu ensaio *A doutrina da vontade de potência em Nietzsche,*[29] Wolfgang Müller-Lauter propõe-se a explorar as ideias do filósofo e desvendar a trama dos seus conceitos. Partindo da análise da vontade de potência, concepção considerada central pela maioria dos comentadores, reconstrói com clareza e vigor o pensamento do autor de *Assim falava Zaratustra*, aquilatando o alcance de sua reflexão. E faz ver quão distante sua concepção se acha da apropriação que dela fizeram os ideólogos do nazismo.

Entender a vontade de potência como apologia do desejo de dominação política é resultado de uma atitude que se limita a ater-se a fórmulas isoladas,

---

[29] Cf. "Nietzsches Lehre vom Willen zur Macht". In: *Nietzsche-Studien* n. 3, p. 1-60, 1974, que era considerado pelo próprio autor seu ensaio mais importante.

sem levar em conta a argumentação desenvolvida por Nietzsche em seus textos.

\* \* \*

## Pondo sob suspeita essas quatro convicções

Desde cedo, o autor de *Assim falava Zaratustra* foi vítima de escritos ideológicos. Sua irmã Elizabeth muito contribuiu nessa direção. Na verdade, ela sempre interferiu em sua vida. Utilizou-se de seus contatos para ingressar na sociedade da época; frequentou seus amigos mesmo contra a sua vontade; e teve uma participação decisiva na sua relação com Lou Salomé. Tornou-se inimiga declarada da "jovem russa" e chegou a tentar expulsá-la da Alemanha. Em maio de 1885, casou-se com Bernhard Förster, um antissemita notório. Partiu com ele para o Paraguai, onde pretendiam fundar uma colônia ariana, "La Nueva Germania". Insistiu junto ao filósofo para que se reunisse a eles, investindo no empreendimento suas parcas economias. Numa carta datada de meados de fevereiro de 1886, Nietzsche comenta a Emily Fynn: "No fim das contas, não é tanto o Paraguai que me dá a impressão de ter perdido minha irmã. As opiniões de meu cunhado, pelas quais ele está pronto a viver e a morrer, são, para mim, mais estrangeiras ainda do que o Paraguai".[30] A colônia não vingou e o empreendedor acabou por suicidar-se.

A viúva Förster voltou endividada à Alemanha. Encontrou Nietzsche sob a tutela da mãe e surpreendeu-se com a procura sempre crescente de seus livros. Através de trâmites judiciários, obteve a custódia de todos os seus escritos. Em 1901, publicou uma obra a que deu o nome de *Vontade de Potência*. A partir de apontamentos que o filósofo deixou e de um plano que ele seguiu durante algum tempo, reuniu 483 fragmentos póstumos redigidos entre o outono de 1887 e os primeiros dias de janeiro de 1889. Escolheu-os a dedo no caos das notas escritas durante meses e organizou-os sem respeitar sequer a ordem cronológica. Assim, com a ajuda de Heinrich Köselitz, compilou o que apresentou como a "obra filosófica capital" de Nietzsche.

Para legitimar sua empresa, Elizabeth Förster-Nietzsche não hesitou em falsificar cartas por ele dirigidas, na sua maioria, à amiga Malwida von Meysenbug; obteve os originais, compôs o texto a partir deles e depois os destruiu. Apresentando-se como destinatária das missivas, pretendia impor imagem de credibilidade junto aos editores e amigos

---

[30] Carta a Emily Fynn datada de meados de fevereiro de 1886 (SM), *KSB* 7.150.

do filósofo; queria levar a crer que conhecia as intenções dele melhor que ninguém.

Espírito empreendedor, Elizabeth empenhou-se na difusão do nome de Nietzsche pela imprensa; entre 1893 e 1900, fez dele o ídolo das revistas. Elaborou uma nova edição de seus livros, supervisionou as publicações, insistiu no lançamento de edições baratas. Leiloou os manuscritos das conferências "Sobre o futuro dos nossos estabelecimentos de ensino", vendendo-os para um jornal popular em dezembro de 1893; autorizou a publicação de *O anticristo* em setembro de 1895; organizou uma antologia de poemas lançada antes do Natal de 1897. Com o capital proveniente dos direitos autorais, adquiriu uma propriedade em Weimar e nela instalou os Arquivos Nietzsche, onde recebia personalidades do mundo cultural e político. Mais tarde, permitiu e incentivou a utilização da filosofia nietzschiana pelo Terceiro Reich e, em 1935, foi enterrada com as honras nacionais.

Sobre o filósofo Elizabeth Förster-Nietzsche redigiu ensaios, artigos e uma biografia em três volumes.[31] Para a primeira edição da *Vontade de potência*, escreveu longa introdução. Nela afirmava

---

[31] Cf. FÖRSTER-NIETZSCHE, Elizabeth. *Das Leben Friedrich Nietzsches*. Leipzig: Naumann, 1904; *Der Junge*

que o livro constituía a principal obra em prosa do irmão; infelizmente não fora concluído ou talvez tivesse sido, perdendo-se o manuscrito por ocasião da crise de Turim. Em 1906, publicou a segunda edição, em que reuniu 1067 fragmentos póstumos, e mais uma vez não respeitou a ordem cronológica nem explicitou os critérios de seleção.

Nos manuscritos de Nietzsche, a intenção de escrever um livro intitulado *Vontade de potência* surge por volta de agosto de 1885; é apenas um título ao lado de outros, um projeto dentre vários. No verão do ano seguinte, um plano de trabalho intitulado "Vontade de potência" traz como subtítulo "Ensaio de uma transvaloração de todos os valores. Em 4 livros", disposição que se mantém até 26 de agosto de 1888. A partir daí, o título "Vontade de potência" desaparece, cedendo lugar a "Transvaloração de todos os valores".[32]

Questionável sob vários aspectos, a obra que a irmã do filósofo publicou como *Vontade de potência*

---

*Nietzsche*. Leipzig: Alfred Kröner Verlag, 1912; *Der Einsame Nietzsche*. Leipzig: Alfred Kröner Verlag, 1914.

[32] A esse propósito, comenta Mazzino Montinari: "Assim terminam, na vigília do próprio fim de Nietzsche, as vicissitudes do projeto literário da *Vontade de potência*" (*Su Nietzsche*. Milão: Editori Riuniti, 1981, p. 65).

serviu, até a década de 1950, enquanto instrumento de trabalho para os estudiosos. Contudo, depois da Segunda Grande Guerra, Karl Schlechta denunciou o procedimento de Elizabeth Förster-Nietzsche e desqualificou o livro por ela inventado. Baseando-se em pesquisas feitas nos Arquivos Nietzsche em Weimar, constatou que não existia a *Vontade de potência*, a "obra capital"; tudo o que havia eram papéis póstumos.[33]

Não coube a ele, porém, publicar na íntegra os escritos do filósofo; na edição em três volumes que levou a termo, limitou-se a divulgar pequeno número de inéditos. E, ao lado de alguns outros textos, nela incluiu justamente os fragmentos póstumos reunidos na edição de 1906 da *Vontade de Potência*. É bem verdade que procurou estabelecer a ordem cronológica em que teriam sido redigidos; mas não alcançou grande êxito, pois, ao que consta,

---

[33] Foi, então, incisivo: "basta folhear esse conjunto para ver que os textos reunidos (na *Vontade de potência*), embora póstumos, despertaram interesse considerável. Deve-se refletir ainda mais sobre o fato, quando se percebe que a maior parte desses textos impressos *sem* a autorização de Nietzsche não concorda com a textura dos manuscritos: a *Vontade de potência* não é uma obra póstuma" ("A lenda e seus amigos". In: *Le Cas Nietzsche*. Trad. André Coeuroy. Paris: Gallimard, 1960, p. 123).

não teve acesso aos manuscritos originais. O grande mérito da edição que Schlechta organizou residiu em denunciar a lenda de que a *Vontade de potência* constituiria a "obra filosófica capital" de Nietzsche. E seu maior defeito – apesar de não ser essa a intenção do editor – consistiu em reforçar a imagem do filósofo que esse mesmo livro divulgou.

Veio a público, por fim, a edição crítica das obras completas de Nietzsche, organizada por Giorgio Colli e Mazzino Montinari. Fruto de um trabalho de fôlego, desenvolvido ao longo de anos com extremo cuidado e rigor, ela contou com a colaboração decisiva de Müller-Lauter.[34] Imprescindível para a pesquisa internacional acerca da obra do filósofo, esta edição crítica acumula méritos inquestionáveis: tornou acessível aos estudiosos a totalidade de seus escritos; buscou recuperar os textos de acordo com os manuscritos originais ordenados cronologicamente; procurou depurar das deformações e falsificações que

---

[34] Não se detém aí a atividade editorial de Müller-Lauter. Não há como se esquecer de que, em 1972, ele fundou os *Nietzsche-Studien,* que visa a constituir um fórum internacional de debates em torno das múltiplas questões colocadas acerca e a partir do pensamento nietzschiano. Por vários anos, foi um dos editores responsáveis dessa publicação anual, que, por sua qualidade, durante um bom tempo manteve um lugar ímpar na cena filosófica mundial.

sofreram a obra publicada, as anotações inéditas e a correspondência; incluiu imenso aparato histórico-filológico de valor inestimável. Contudo, antes de ela vir a público, graves equívocos foram gerados pelas edições que a antecederam.

A obra intitulada *Vontade de potência,* publicada por Elizabeth Förster-Nietzsche, foi uma das que mais contribuíram para fazer do filósofo um precursor do nazismo. Tanto é que a ela recorreram alguns pensadores franceses, que, na década de 1990, trouxeram a público o livro intitulado *Por que não somos nietzschianos.*[35] Pretendendo romper com Nietzsche através de um acerto de contas com os nietzschianos franceses, Luc Ferry e Alain Renaut, ao lado de André Comte-Sponville e outros mais, voltaram contra seus mestres, Foucault, Deleuze, Derrida e outros, as armas que estes lhes haviam ensinado a manejar.

Esse fato ilustra bem os maus feitos da apropriação ideológica. Ao reivindicarem "a exigência ancestral da racionalidade", os autores de *Por que não somos nietzschianos* quiseram pensar com Nietzsche *contra* o nietzschianismo; melhor ainda, *contra*

---

[35] Cf. BOYER, Alain *et allii. Pourquoi nous ne sommes pas nietzschéens.* Paris: Bernard Grasset & Fasquelle, 1991. Lançado entre nós com o título *Por que não somos nietzschianos* (Trad. Roberto Leal Ferreira. São Paulo: Editora Ensaio, 1994), acabou por prestar mais um desserviço ao público brasileiro.

determinada utilização das ideias do filósofo. E pensar *com* Nietzsche, em princípio, deveria significar levar a sério suas afirmações. Mas o propósito que declaravam perseguir não impediu que fizessem recortes arbitrários nos textos[36] e se apoiassem em citações extraídas da *Vontade de Potência,* sem levar em conta que esse foi um livro inventado pela irmã do filósofo.[37]

De fato, combatendo o que julgaram ser uma apropriação ideológica, a de apresentar Nietzsche como o mestre da suspeita, como haviam feito Foucault, Deleuze e Derrida, eles se limitaram a substituir essa imagem do filósofo por outra. E com a agravante de que essa nova imagem, na verdade, reeditou outras bem mais antigas: a de Nietzsche racista e antissemita ou, na melhor das hipóteses, a de Nietzsche comprometido com o pensamento tradicional.

Pecando pela falta de reflexão filosófica, a obra elencava estados psicológicos e relatos autobiográficos. Mas, para além da aparente catarse, tinha um

---

[36] É o caso do artigo de André Comte-Sponville, "A besta-fera, o sofista e o esteta: 'a arte a serviço da ilusão'" (na edição brasileira, p. 37-96).

[37] É o que ocorre no texto de Pierre-André Taguieff, "O paradigma tradicionalista: horror da modernidade e anti-liberalismo, Nietzsche na retórica reacionária" (na edição brasileira, p. 213-294).

objetivo político muito preciso: demarcar território, conquistar espaço no cenário intelectual francês. E, para tanto, nada mais eficiente que a polêmica. Se a obra possuía a qualidade do panfleto, seu principal defeito residia em manifestar a alergia por Nietzsche.

No Brasil, em 2008, veio a público com o título *Vontade de Poder*[38] o livro inventado por Elizabeth Förster-Nietzsche. Fato lamentável, que não encontra justificativa a não ser na irresponsabilidade de uma casa editorial que visa a impor-se no mercado.

Ora, já no início dos anos de 1980, num artigo intitulado "Interpretações nazistas",[39] Mazzino Montinari chama atenção para o uso tendencioso dos fragmentos póstumos do filósofo. Argumenta que, no Terceiro Reich, não havia uma opinião unânime sobre Nietzsche. Entre os ideólgos do nacional-socialismo, alguns procuravam incorporá-lo à sua visão de mundo; outros não podiam aceitá-lo, devido às suas concepções cosmopolitas; outros ainda procuravam uma mediação entre essas duas posições.

---

[38] Trata-se da chamada edição canônica da *Vontade de potência*, reunindo 1067 fragmentos póstumos (Trad. Marcos Sinésio Pereira Fernandes. Rio de Janeiro: Contraponto Editora, 2008).

[39] Cf. MONTINARI, Mazzino. "Interpretações nazistas". In: MARTON, Scarlett. *Nietzsche pensador mediterrâneo*. São Paulo: Discurso editorial, 2007, p. 69-95.

Grande foi o empenho de Alfred Bäumler no sentido de converter Nietzsche num dos pilares do nazismo. Antes de aderir ao movimento nacional-socialista, Bäumler se considerava nietzschiano. Tendo participado da queima de livros "não alemães" promovida pelos nazistas, foi por eles chamado para ocupar a recém-fundada cátedra de Pedagogia Política da Universidade de Berlim e não deixou de contribuir para "a fiscalização da formação e educação do Partido Nacional-Socialista". No início dos anos de 1930, então professor de filosofia, ele publicou duas coletâneas de textos[40] de Nietzsche extraídos da edição canônica da *Vontade de Potência*. Partia do pressuposto metodológico de que a verdadeira filosofia do autor de *Assim falava Zaratustra* se encontrava nas anotações póstumas, tal como haviam sido publicadas por Elizabeth. Logo depois, lançou a sua própria interpretação do pensamento de Nietzsche;[41] nela buscava empreender sua "nordificação", sua politização extrema enquanto pensador germânico.

---

[40] São elas: *Nietzsches Philosophie in Selbstzeugnissen. Erster Teil: Das System. Zweiter Theil: Die Krisis Europas.* (*A filosofia de Nietzsche a partir dos testemunhos de seu autor. Primeira parte: O sistema. Segunda parte: A crise da Europa*). Leipzig: Reclam, 1931.

[41] Publicada sob o título *Nietzsche der Philosoph und der Politiker* (*Nietzsche, o filósofo e o político*). Berlim: Reclam, 1931.

\* \* \*

Fazer de Nietzsche um defensor do nacionalismo e um pensador antissemita, associar a concepção de vontade de potência a um desejo de dominação política, remeter a noção de além-do-homem à ideia da superioridade da raça ariana: essas foram algumas das principais estratégias adotadas pelos ideólogos do nazismo. Com elas, procuraram se servir da filosofia nietzschiana para fortalecer, justificar e até mesmo legitimar o projeto hitleriano.

Mas que se tome por exemplo *Assim falava Zaratustra*. Escrito entre 1883 e 1885, o livro teve de enfrentar sérias dificuldades para aparecer. A primeira parte esperou meses até ser lançada; o editor cumpria sem pressa o contrato com um escritor malsucedido, dando prioridade a cânticos religiosos e brochuras antissemitas. A segunda e a terceira partes, a custo de muita insistência, foram publicadas juntas. E a quarta, categoricamente recusada pela casa editorial, teve uma tiragem de quarenta exemplares custeada pelo autor. Era mais do que suficiente: não chegava a dez o número de pessoas a quem ele pensava enviá-la.

Menos de uma década depois, *Assim falava Zaratustra*, que dos livros de Nietzsche virá a ser o mais vendido, começava a seduzir os leitores. Visto por uns enquanto obra literária e tomado por outros como escrito profético, ele entrou para a história. Anunciando o "quinto Evangelho" ou inovando a prosa alemã, acabou por fazer história. Tanto é que, por ocasião da Primeira Grande Guerra, tal qual uma verdadeira Bíblia, acompanhava os voluntários alemães que iam para o *front*. Tornara-se um livro da moda, assim como se tornara da moda cultuar o além-do-homem. Com o final da guerra e face às sequelas que ela deixou, tal atitude se dilui; não se procurava mais viver de acordo com as ideias de Nietzsche. Foi então que surgiram as apropriações nazistas.

Antecipando-se ao que estava por vir, Nietzsche anotará num fragmento póstumo: "Um livro que dá o que pensar, nada mais, pertence àqueles a quem pensar dá prazer, nada mais... Que seja escrito em alemão é pelo menos extemporâneo: gostaria de tê-lo escrito em francês, para que não parecesse apoiar quaisquer aspirações do Reich alemão".[42] Não é por acaso que ele reclama ascendência polonesa;[43] conta

---

[42] *Fragmento póstumo* (136) 9 [188] do outono de 1887 (SM), *KSA* 12.450. Cf. também *Ecce homo*, "Por que escrevo livros tão bons", § 2 (SM), *KSA* 6.301, onde se lê: "Pensar em alemão, sentir em alemão – eu posso tudo, mas *isto* vai além das minhas forças...".

[43] Tanto é que assegura: "Não é em vão que os poloneses são considerados os franceses dentre os eslavos" (*Ecce homo*, "Por que escrevo livros tão bons", § 2 (SM), *KSA* 6.301).

distinguir-se de seus compatriotas. E, se afirma que não consegue pensar e sentir em alemão, é porque com suas ideias e atitudes não quer ser cúmplice do que então testemunha em seu país de origem. Recusando todo e qualquer vínculo com a Alemanha da segunda metade do século XIX, assume um ponto de vista privilegiado. Está, pois, em condições de combater a praga que acredita empestear o país.

São várias as passagens em que Nietzsche insiste em alertar para que não se confunda o "autêntico espírito alemão" com as glórias militares dos exércitos prussianos. Ataca o "irrealismo romântico", que visa ao progresso das "culturas nacionais, originais e fechadas". Critica o sentimento patriótico, que se fortalece ainda mais depois da guerra franco-prussiana. E combate sem cessar o nacionalismo.

Participando de uma tradição de pensamento que desde o século XVIII adere à disjunção entre cultura e política, o filósofo sublinha um antagonismo que acredita existir na modernidade. Para criticar de modo radical a miséria cultural do seu tempo, ele insiste em fazer ver que Estado e cultura são, de certa forma, adversários; um vive às expensas do outro. Uma vez que os povos, tanto quanto os indivíduos, só podem despender o que possuem, se concentram suas forças em torno do Estado, debilitam necessariamente a cultura. Entre Estado e cultura só pode haver uma relação extrínseca: às épocas de decadência política correspondem épocas de grande fertilidade cultural. Impõe-se, pois, trabalhar para preservar a tradição cultural muito mais do que se deixar levar pelo ruidoso tagarelar político dos dias que correm.

Por isso mesmo, Nietzsche não só se opôs aos antissemitas de sua época, como bem soube elogiar as qualidades incontáveis do povo judeu.[44] No seu entender, o verdadeiro filósofo só poderia ser um "sem pátria", um "bom europeu", despojado de prevenção, favorável ou hostil, em relação aos povos e às nações.

\* \* \*

É em *Assim falava Zaratustra* que Nietzsche apresenta, pela primeira vez em sua obra publicada, a concepção de vontade de potência. Nesse momento, é com ela que passa a identificar a vida. Concebe então a vontade de potência como vontade orgânica; ela é própria não unicamente do

---

[44] Exemplo disso se encontra em *Para além de bem e mal* § 251 (RRTF), *KSA* 5.193, onde se lê: "E os judeus são, sem dúvida nenhuma, a raça mais forte, mais tenaz e mais pura que vive agora na Europa; eles sabem impor-se, mesmo sob as piores condições (e até mesmo melhor do que sob as favoráveis), graças a algumas virtudes que hoje em dia se prefere taxar de vícios".

homem, mas de todo ser vivo; mais ainda: exerce-se nos órgãos, tecidos e células, nos numerosos seres vivos microscópicos que constituem o organismo. Atuando em cada elemento, encontra empecilhos nos que a rodeiam, mas tenta submeter os que a ela se opõem e colocá-los a seu serviço. É por encontrar resistências que se exerce; é por exercer-se que torna a luta inevitável.

Efetivando-se, a vontade de potência faz com que a célula esbarre em outras que a ela resistem; o obstáculo, porém, constitui um estímulo. Com o combate, uma célula passa a obedecer a outra mais forte, um tecido submete-se a outro que predomina, uma parte do organismo torna-se função de outra que vence – durante algum tempo. A luta desencadeia-se de tal forma que não há pausa ou fim possíveis; mais ainda, ela propicia que se estabeleçam hierarquias – jamais definitivas.

Na tentativa de resolver um dos problemas candentes da ciência da época, Nietzsche se dedica a examinar como se dá a passagem da matéria inerte à vida. Em escritos posteriores a *Assim falava Zaratustra,* ele elabora então sua teoria das forças. A força só existe no plural; não é em si, mas em relação a, não é algo, mas um agir sobre. Não se pode dizer, pois, que ela produz efeitos nem que se desencadeia a partir de algo que a impulsiona; isso implicaria distingui-la de suas manifestações e enquadrá-la nos parâmetros da causalidade. Tampouco se pode dizer que a ela seria facultado não se exercer; isso importaria atribuir-lhe intencionalidade e enredá-la nas malhas do antropomorfismo. A força simplesmente se efetiva, melhor ainda, é um efetivar-se.

Atuando sobre outras e resistindo a outras mais, ela tende a exercer-se o quanto pode, quer estender-se até o limite, manifestando um querer-vir-a-ser-mais-forte, irradiando uma vontade de potência. "Toda força motora é vontade de potência, não existe fora dela nenhuma força física, dinâmica ou psíquica."[45] No meu entender, a vontade de potência aparece agora como explicitação do caráter intrínseco da força.

Querendo-vir-a-ser-mais-forte, a força esbarra em outras, que lhe opõem resistência; inevitável, trava-se a luta – por mais potência. Não há objetivos a atingir; por isso ela não admite trégua nem prevê termo. Insaciável, continua a exercer-se a vontade de potência. Não há finalidades a realizar; por isso ela é desprovida de caráter teleológico. A cada momento, as forças relacionam-se de modo diferente, dispõem-se de outra maneira; a todo instante, a

---

[45] *Fragmento póstumo* 14 (121) da primavera de 1888 (SM), *KSA* 13.300.

vontade de potência, vencendo resistências, se autossupera e, nessa superação de si, faz surgir novas formas. Enquanto força eficiente, ela é, pois, força plástica, criadora. É o que revela a própria expressão *Wille zur Macht* (vontade de potência): o termo *Wille* entendido enquanto disposição, tendência, impulso e *Macht* associado ao verbo *machen,* fazer, produzir, formar, efetuar, criar. A vontade de potência é o impulso de toda força a efetivar-se e, com isso, criar novas configurações em sua relação com as demais.[46]

O mundo apresenta-se, então, como pleno vir-a-ser: a cada mudança se segue uma outra, a cada estado atingido sucede um outro. Totalidade permanentemente geradora e destruidora de si mesma, o mundo não constitui, porém, um sistema. Pluralidade de forças, tampouco se apresenta como mera multiplicidade. O mundo é antes um processo – e não uma estrutura estável; os elementos em causa, interrelações – e não substâncias, átomos, mônadas. Totalidade interconectada de *quanta* dinâmicos ou, se se quiser, de campos de força instáveis em permanente tensão, o mundo não é governado por leis, não cumpre finalidades, não se acha submetido a um

---

[46] Desenvolvi essas ideias no meu *Nietzsche, das forças cósmicas aos valores humanos.* Belo Horizonte: Editora UFMG, 3. ed., 2010.

poder divino – e mais: sua coesão não é garantida por substância alguma. Se permanece uno, é porque as forças, múltiplas, estão todas interrelacionadas. *"Esse mundo é a vontade de potência – e nada além disso!"*[47]

Não é por acaso que Nietzsche confessa sentir na proximidade de Heráclito "mais bem-estar do que em qualquer outra parte".[48] Em Heráclito, o construir e destruir, esse movimento cósmico que se repete com periodicidade, surge da guerra dos opostos. Universal, a guerra está em toda parte; sem trégua ou termo, ela é permanente. Como dois contendores, os opostos combatem, de sorte que a tensão, que se instala entre eles, faz com que ora um ora o outro tenha a precedência. Como os atletas nas palestras, os artistas nos anfiteatros, os partidos políticos na ágora e as cidades-Estado na Hélade, os inúmeros pares de opostos lutam "em alegre torneio". Aqui, a noção de competição, em que se baseia toda a vida política e social dos gregos, atinge a "máxima universalidade".

No contexto do pensamento de Heráclito, a luta tem caráter geral: está presente nos ciclos cósmicos

---

[47] *Fragmento póstumo* 38 [12] de junho/ julho de 1885 (RRTF), *KSA* 11.610.

[48] Cf. *Ecce homo,* "O nascimento da tragédia", § 3 (SM), KSA 6.313.

assim como ocorre em todos os domínios da vida; no quadro da filosofia de Nietzsche, também. É pensando na aristocracia guerreira dos tempos homéricos que, na *Genealogia da moral,* ele concebe o tipo de homem forte. Querendo prevalecer na relação com os demais, o forte desafia todos os seus pares. Mas não identifica a precedência com supremacia nem confunde o combate com extermínio. Entender a existência como um duelo leal é uma condição que lhe é inerente; não se pode guerrear quando se despreza e não há por que fazê-lo quando se domina. Para que ocorra a luta, é preciso que existam antagonistas; como ela é inevitável e sem trégua ou termo, não pode implicar a destruição dos beligerantes. Mais próxima de um jogo que da guerra total, a luta é sempre pela precedência, nunca pelo aniquilamento do adversário.

É o quanto basta para denunciar o complô que associou o pensamento nietzschiano ao nazismo. Como bem escreve Gérard Lebrun a esse propósito: "Essa insensibilidade para o tema antigo do *pólemos* (luta) se voltaria, aliás, contra o próprio Nietzsche, facilitando os mais insanos contrassensos sobre a 'vontade de potência', entendida como desenfreamento bestial, frenesi criminoso, como se, no entanto, a abjeta palavra de ordem nazista *Endlösung der jüdischen Frage* (solução final para a questão judia) não fosse, ao pé da letra, expressamente antinietzschiana".[49]

\* \* \*

É também em *Assim falava Zaratustra* que Nietzsche introduz, pela primeira vez em sua obra publicada, a noção de além-do-homem. O livro se abre com o anúncio da transformação por que o protagonista acaba de passar. Durante uma década, ele permaneceu na solidão de sua caverna e de sua montanha; por fim, sofreu profundas mudanças. Dirigindo-se ao vale, onde irá ter com os homens, encontra seu primeiro interlocutor. Surpreso, o santo homem do bosque exclama: "Não me é estranho este andarilho; há muitos anos passou por aqui. Chamava-se Zaratustra; mas transformou-se".[50] Ao avistá-lo, percebe de imediato que mudanças ocorreram. E prossegue: "Outrora levavas tua cinza para o monte; queres hoje levar teu fogo para o vale? Não temes os castigos contra os incendiários? Sim, reconheço

---

[49] "A Dialética Pacificadora", in *Almanaque* n. 3, p. 33-34, 1977. Partindo da análise de um dos primeiros escritos de Nietzsche, *A Justa de Homero*, Lebrun mostra que o *agon* homérico reaparece na concepção de vontade de potência.

[50] *Assim falava Zaratustra*, "Prefácio", 2ª seção (SM), *KSA* 4.12.

Zaratustra. Puro é seu olhar e não há nojo em sua boca. Não caminha por isso como um dançarino? Transformado está Zaratustra, uma criança tornou-se Zaratustra, um desperto é Zaratustra; o que queres agora entre os que dormem?".[51] Ao vê-lo, logo compreende a relevância das mudanças que ocorreram.

Desde as primeiras páginas do prefácio, Zaratustra aparece como o anunciador de uma completa reviravolta em nossa cultura. E, aos poucos, a transformação por que acaba de passar ganha clareza. Sua causa então se explicita: ela reside no conhecimento da morte de Deus.[52] Se foi no outro mundo que até

---

[51] *Assim falava Zaratustra*, "Prefácio", 2ª seção (SM), *KSA* 4.12. Vale notar aqui que o adjetivo "dançarino" aparece frequentemente associado a Buda. Cf. OLDENBERG, Hermann. *Buddha, sein Leben, seine Lehre, seine Gemeinde*. Berlim: 1881, p. 113. Nietzsche possuía em sua biblioteca o trabalho de Hermann Oldenberg, cf. CAMPIONI, Giuliano *et allii* (eds.). *Nietzsches persönliche Bibliothek*. Berlim: Walter de Gruyter, 2003, p. 438. Segundo Charles Andler, o filósofo manifestou mais de uma vez sua admiração por ele (cf. *Nietzsche, sa vie et sa pensée*. Paris: Gallimard, 1958, tomo II, p. 415).

[52] Cf. *A gaia ciência* § 125, *KSA* 3.480ss, onde o tema aparece pela primeira vez na obra do filósofo. Não é por acaso que ele vai retomá-lo no primeiro aforismo do quinto livro de *A gaia ciência* (§ 343), escrito depois da elaboração de *Assim falava Zaratustra*.

então os valores encontraram legitimidade, trata-se agora de suprimir o solo mesmo a partir do qual eles foram colocados, para então engendrar novos valores. "Humanos, demasiado humanos", os valores instituídos surgiram em algum momento e em algum lugar.[53] E, em qualquer momento e em qualquer lugar, novos valores poderão vir a ser criados.

Aos homens Zaratustra espera levar um duplo presente. Aos homens ele conta dar um novo amor e um novo desprezo: o além-do-homem e o último homem. Diametralmente opostas são as perspectivas para as quais eles apontam. Abraçar a primeira delas implica aceitar a morte de Deus e a consequente morte do homem enquanto criatura em relação a um Criador; esposar a última importa advogar a existência de outro mundo e, por conseguinte, reiterar a interpretação cristã. Enquanto a perspectiva aberta pelo além-do-homem viabiliza criar novos valores, a estabelecida pelo último homem exige a defesa dos valores instituídos.

Durante séculos, o ser humano, dilacerado, acreditou ser um composto de corpo e alma. Agora,

---

[53] *Para além de bem e mal* e *Genealogia da moral* retomam as ideias presentes em *Assim falava Zaratustra*. No que diz respeito a serem os valores "humanos, demasiado humanos", cf. *Genealogia da moral*, "Prefácio", § 6, *KSA* 5.252s.

não mais se definindo em relação à divindade, ele deixa de existir. Se o apogeu da humanidade, seu meio-dia, ocorre quando se suprime o dualismo de mundos, o homem que se ultrapassa identifica-se ao mundo que existe, a este mundo em que nos achamos aqui e agora. "O homem é algo que deve ser superado", dirá Zaratustra à multidão reunida na praça do mercado. "O além-do-homem é o sentido da Terra."[54] Não se trata de um tipo biológico superior ou de uma nova espécie engendrada pela seleção natural,[55] mas de quem organiza o caos de suas paixões e integra numa totalidade cada traço de seu caráter, de quem percebe que seu próprio ser está envolvido no cosmos, de sorte que afirmá-lo é afirmar tudo o que é, foi e será.

---

[54] *Assim falava Zaratustra*, "Prefácio", 3ª Seção (SM), *KSA* 4.14.

[55] No *Ecce homo*, Nietzsche registra: "A palavra '*além-do-homem*', como a designação do tipo mais altamente bem logrado, em oposição ao homem 'moderno', ao homem 'bom', aos cristãos e outros niilistas [...], foi, quase por toda parte, com total inocência, entendida no sentido daqueles valores cujo oposto foi apresentado na figura de Zaratustra: quer dizer, como tipo 'idealista' de uma espécie superior de homem, meio 'santo', meio 'gênio'... Outro gado bovino erudito levantou contra mim, de sua parte, a suspeita de darwinismo" (*Ecce homo*, "Por que escrevo livros tão bons", § 1 (RRTF), *KSA* 6.300).

Ao contrário do que acreditaram os ideólogos do Terceiro Reich e os que, de uma maneira ou de outra, ainda seguem os seus passos, Nietzsche tem um empreendimento filosófico próprio que não se confunde com projetos políticos de qualquer natureza que sejam. E se em nossos dias ainda há quem o veja como precursor do nazismo, é porque se deixa levar pela ignorância ou má-fé.

# Nietzsche, irracionalista e niilista

## Destruidor dos valores democráticos?

Com o intuito de fazer de Nietzsche um pensador reacionário, enfatizaram seus ataques à democracia. É bem verdade que, desde *Humano, demasiado humano,* ele se põe a combater o igualitarismo. Mas também é verdade que reconhece que as instituições democráticas constituem um antídoto contra a tirania.[56]

O fato de posicionar-se, por vezes, contra a democracia e, por outras, a favor dela não expressa, como seria de se supor, atitudes contraditórias; revela – isto sim – a complexidade do tratamento das questões políticas em sua obra. Assim é que a crítica ao igualitarismo se acha diretamente ligada à dos valores gregários. Estes não proviriam de

---

[56] Cf. *O andarilho e sua sombra* § 289 (SM), *KSA* 2.283, onde o filósofo afirma: "as instituições democráticas são medidas de quarentena contra a velha peste dos apetites tirânicos", embora acrescente: "e enquanto tais muito úteis e muito entediantes".

impulsos generosos, mas seriam engendrados pelo ressentimento contra os indivíduos bem-logrados, que vivem em consonância com as exigências da própria vida.

É descabido, pois, tentar examinar a consistência teórica das ideias políticas do filósofo, tendo em vista a noção de poder no sentido estrito do termo. E isso antes de tudo porque não é nesse contexto que elas se encontram. É igualmente descabido querer avaliar suas posições em face de regimes de governo ou doutrinas políticas, privilegiando as noções de organização, classe ou segmento social. E isso porque não é nesse terreno que elas se situam.

Opondo-se às leis gerais e aos conceitos universais, Nietzsche conta apresentar o diagnóstico de casos singulares. É por negligenciar a análise de sua prática filosófica que insistem tão prontamente em qualificá-lo de destruidor dos valores democráticos.

## Autor misógino?

Para desvalorizar suas ideias, acusaram Nietzsche de desprezar as mulheres. Tal acusação, aliás, surgiu muito cedo, quando ele ainda estava em plena atividade intelectual. E muito cedo foi desmentida pelas próprias mulheres que com ele conviveram.

Se vários nomes importantes da filosofia ocidental, como, por exemplo, Freud, foram censurados por teóricos do feminismo, é Nietzsche que usualmente tomam como modelo de tudo quanto é misógino tanto na tradição filosófica quanto na cultura patriarcal. E isso por várias razões: ele é visto como um opositor dos direitos da mulher, um entusiasta das virtudes do homem, um advogado da dominação masculina.

É bem verdade que, ao tratar das mulheres, por vezes o filósofo se contenta em expressar o que era voz corrente na sua época. É igualmente verdade que os elogios que faz a elas partem de uma visão simplista: seriam seres sedutores, prontos a sacrificarem-se, que se realizariam com a maternidade.

É fato também que Nietzsche jamais fala das mulheres em geral. Contrapondo-se ao raciocínio que opera com essências atemporais, ele pretende avaliar diferentes tipos. Assim é que, numa sequência da *Gaia ciência,* põe em cena as mulheres tocadas pela disposição à música; as mulheres idosas que se tornam céticas; as mulheres nobres afetadas por uma certa pobreza de espírito; as mulheres que exageram suas fraquezas; as mulheres que devem proceder a uma simulação de si mesmas; as mulheres cheias de docilidade; as mulheres capazes de vingança; as mulheres em quem "o melhor do homem se tornou ideal encarnado"; as mulheres castas; as mulheres que são mães; as mulheres sem sucesso; as pequenas mulheres.[57]

Dentre esses diferentes tipos de mulheres que o filósofo ausculta, são as emancipadas que ele se empenha em criticar. Ao conceberem em termos masculinos a própria independência, elas renunciariam a suas características e peculiaridades. Ao buscarem equiparar-se aos homens, desistiriam do que lhes é próprio. Não se trata para Nietzsche de ter aversão às mulheres, mas de defender uma imagem conservadora da relação entre homens e mulheres.[58] Portanto, é pelo menos desmedido impor a ele a pecha de misógino.

## Demolidor do cristianismo?

Para difamar o seu pensamento, converteram Nietzsche antes de tudo no anunciador da morte de Deus, sublinhando de maneira inapropriada seus ataques à religião e à moral cristãs. Raras vezes, na história da filosofia, à frase de um pensador se

---

[57] Cf. *A gaia ciência* § 63 - § 75, *KSA* 3.425-431.

[58] É a posição que defendo em MARTON, Scarlett. *Nietzsche e as mulheres: figuras, imagens e tipos femininos*. Belo Horizonte: Autêntica, 2022.

recorreu tanto e de tantas maneiras quanto à proclamação de que "Deus está morto".

Mas é com extremo cuidado e zelo que o filósofo estabelece a diferença entre a figura histórica de Jesus e a institucionalização do cristianismo. Criação do apóstolo Paulo, a religião cristã veio impor o reino dos fracos e dos oprimidos. Sobrepujando a aristocracia guerreira, os sacerdotes converteram a preeminência política em preeminência espiritual. Enquanto valor aristocrático, "bom" se identificava a nobre, belo, feliz; tornando-se valor religioso, passa a equivaler a pobre, miserável, impotente, sofredor, piedoso, necessitado, enfermo. Assim a transformação dos valores é fruto do ressentimento de homens fracos, que, não podendo lutar contra os mais fortes, deles tentaram vingar-se através desse artifício.

Nesse sentido, a religião cristã, desde o seu aparecimento, desempenha papel de extrema relevância. Se o autor de *O anticristo* se dedica a criticá-la de forma radical, é antes de tudo porque a vê como um sintoma da decadência dos impulsos vitais. Produto do ódio e desejo de vingança daqueles a quem não é dado reagir e só resta res-sentir, ela seria a expressão mesma da decadência.

Mas, com a sua frase que se tornou célebre, Nietzsche não está a proceder qual um Dom Quixote. Não está a bradar o seu grito de vitória sobre uma doutrina que julga falsa. Bem ao contrário, procura alertar para um problema que se faz premente: o dos valores que há dois mil anos norteiam a conduta do ser humano, valores que desprezam o corpo, a vida, a Terra. É, pois, uma visão extremamente limitada de sua obra que leva a tomá-lo como demolidor do cristianismo.

## Pensador iconoclasta?

Tendo por objetivo depreciar sua reflexão, sustentaram que Nietzsche punha em risco a coesão da sociedade e até mesmo a integridade psíquica dos indivíduos. Crítico exacerbado, ele destruiria todos os nossos pontos de referência culturais, sem colocar absolutamente nada no lugar.

É fato que o filósofo sempre se mostrou um dos questionadores mais veementes dos valores estabelecidos. Em seus escritos, ele jamais deixa de pôr em causa os modos de pensar, as maneiras de agir e as formas de sentir presentes na nossa cultura. Não poupa ataques a tipos de vida religiosa, a começar pelo cristianismo, tendências da reflexão moral, correntes da investigação científica, estilos da atividade artística. Não hesita em combater as bases mesmas da civilização ocidental.

Mas ao lado da vertente corrosiva de sua obra, encontra-se outra, construtiva. Concebendo o filósofo como "médico da civilização", Nietzsche a ele atribui a tarefa de "resolver o problema do valor", "determinar a hierarquia dos valores".[59] A filosofia tem de mergulhar fundo na própria época para ultrapassá-la; ela deve visar o que está por vir, tendo em mira um objetivo preciso: a criação de valores.

De um lado, a filosofia a marteladas e, de outro, o ensaio de falar do mundo. Se ainda hoje há quem acredite que Nietzsche não passa de um pensador iconoclasta, é porque permanece atrelado a uma velha, bem velha, imagem que dele se procurou impor.

\* \* \*

## Pondo sob suspeita esses quatro preconceitos

Tudo leva a crer que "ideologias têm relações próprias de reciprocidade".[60] Tanto é que, à imagem nacional-socialista de Nietzsche, construída no Terceiro Reich, veio opor-se a marxista, que via seu

---

[59] Cf. *Genealogia da moral*, Primeira Dissertação, § 17, nota (SM), *KSA* 5.289.

[60] É o que afirma Müller-Lauter, ao empenhar-se em desmascarar as leituras ideologizantes da obra do filósofo (O desafio Nietzsche. In: MARTON, Scarlett (Org.) *Nietzsche na Alemanha*. São Paulo: Discurso editorial, 2005, p. 69).

pensamento como expressão da luta da burguesia contra o socialismo.

Para tanto, em muito concorreu o trabalho de Georg Lukács. Com um conhecimento aprofundado do pensamento nietzschiano, como testemunham as frequentes referências que faz ao filósofo, dele tratou sobretudo na obra intitulada *A Destruição da Razão*.[61] Recorrendo à sociologia, pretendeu explicar as colocações de Nietzsche como resultantes de determinada posição ideológica que vinha em defesa da burguesia imperialista na Alemanha. Embora suas ideias fossem nebulosas, suas afirmações confusas e sua reflexão eivada de contradições, ao seu pensamento garantia coesão o conteúdo social nele expresso. E este consistia na luta contra o socialismo. Foi então que a Nietzsche atribuiu a pecha de irracionalista.

Não é por acaso que o livro de Lukács se tornou determinante na antiga República Democrática da Alemanha; ele contribuiu para a maneira pela qual lá passaram a encarar Nietzsche. Julgaram que seu

---

[61] LUKÁCS, Georg. *Die Zerstörung der Vernunft. Der Weg des Irrationalismus von Schelling zu Hitler*. Berlim: Aufbau Verlag, 1954; em português, *A Destruição da Razão*. Trad. Bernard Herman Hess, Rainer Patriota, Ronaldo Vielmi Fortes. São Paulo: Instituto Lukács, 2020.

pensamento se propunha a fazer a roda da história girar para trás; entenderam, por exemplo, que a vontade de potência e o eterno retorno do mesmo estavam na base da visão de mundo que alimentava todas as cruzadas anticomunistas.

A partir do início da década de 1970, a esta última imagem intelectuais franceses contrapuseram outra, a que tomava sua filosofia justamente como aliada no combate ao emburguesamento. Já em 1964, Michel Foucault caminhara nessa direção, ao aproximar "Nietzsche, Marx, Freud".[62] Não se tratava de examinar os pensadores para contrapor concepções suas ou de lançar mão de um deles para demolir o outro, mas de relacioná-los justamente porque, em vez de multiplicar os signos do mundo ocidental, teriam criado nova possibilidade de interpretá-los.

Grande foi o impacto desse trabalho que Foucault apresentou no Colóquio de Royaumont. Provocou, por um lado, reações imediatas da parte dos ideólogos na antiga República Democrática da Alemanha. Insurgindo-se contra a ideia de colocar Nietzsche e Marx lado a lado, eles sustentaram que não era possível nem legítimo pretender que ambos tivessem algum ponto em comum. Serviu, por outro, como ponto de partida para as reflexões que Deleuze,

---

[62] FOUCAULT, Michel. "Nietzsche, Freud, Marx", *Loc. Cit.*

Lyotard e Klossowski vieram a desenvolver sobre a atualidade do pensamento nietzschiano.

Acerca da questão "como ler Nietzsche?", Deleuze e Lyotard tomaram posição no Colóquio de Cerisy.[63] Entenderam que ele não se prestava a comentários, como Descartes ou Hegel. Nele, a relação com o exterior não era mediada pela interioridade do conceito ou da consciência; as palavras não valiam como significações, representações das coisas. E querer comentá-lo, revelar o sentido de seu discurso, implicava tomar o partido da interioridade e da representação. Era preciso, ao contrário, fazer uma leitura intensiva do filósofo; no dizer de Deleuze, conectar o texto com a força exterior pela qual ele fazia passar algo ou, no de Lyotard, produzir novas,

---

[63] Em julho de 1972, o Colóquio de Cerisy congregou pensadores franceses e alemães, na sua maioria, para debater o tema "Nietzsche hoje?". Os trabalhos então apresentados foram publicados sob o título *Nietzsche aujourd'hui?* em dois volumes (Paris: Union Générale d'Éditions, 1973), que reuniram vinte e quatro comunicações, geralmente seguidas pela reprodução das discussões, e duas mesas redondas. A partir desse material, organizei o volume *Nietzsche hoje?* (Trad. Milton Nascimento e Sônia Salzstein Goldberg. São Paulo: Brasiliense, 1984), que trouxe a público nove trabalhos seguidos das discussões que então ensejaram. O critério de seleção consistiu em oferecer ao leitor brasileiro a máxima diversidade, diversidade de temas, abordagens e perspectivas.

diferentes intensidades. Com isso, o autor desapareceria no texto e este, nos leitores.

Naquela ocasião, Deleuze,[64] Lyotard[65] e também Klossowski[66] insistiram em atribuir a Nietzsche lugar privilegiado. A ele recorreram para refletir sobre política, arte, cultura, psiquiatria; tomaram-no como referência para pensar sequestros e justiça popular, ocupação de fábricas e *squattings*, insurreições e comunidades antipsiquiátricas, *happenings* e *pop art*, a música de Cage e os filmes de Godard. Segundo Lyotard, só Nietzsche permitia um discurso de intensidades máximas; para Deleuze ele operava uma decodificação absoluta, enquanto Freud e Marx apenas recodificações.

Por não ater-se ao passado, Deleuze não se preocupou com a utilização indevida que fascistas e nazistas fizeram dos escritos de Nietzsche; entendeu que

---

[64] Cf. "Pensée nomade". In: *Nietzsche aujourd'hui?*, v. 1, p. 159-174; em português, "Pensamento nômade". In: MARTON, Scarlett (org.) *Nietzsche hoje?* Trad. Milton Nascimento e Sônia Salzstein Goldberg. São Paulo: Brasiliense, 1984, p. 56-76.

[65] Cf. "Notes sur le retour et le kapital". *Op. cit.*, v. 1, p. 141-157; em português, "Notas sobre o retorno e o Kapital". *Op. cit.*, p. 44-55.

[66] Cf. "Circulus vitiosus". *Op. cit.*, v. 1, p. 91-103; em português, "Circulus vitiosus". *Op. cit.*, p. 91-103.

com ela Jean-Wahl, Klossowski e Bataille já haviam acertado as contas. Por voltar-se para o futuro, empenhou-se em ressaltar o caráter ativo das ideias do autor de *Humano, demasiado humano*; julgou que nelas se manifestava grande força revolucionária.

Seguindo em vários pontos a interpretação de Foucault, Deleuze considerou que, se a "trindade" Nietzsche, Marx e Freud se achava na aurora da modernidade, o primeiro nome que a constituía deveria ocupar posição de destaque. As ideias de Freud e as de Marx concorreram para desmontar os códigos sociais estabelecidos; o marxismo e a psicanálise, enquanto "as duas burocracias fundamentais", voltaram a normalizar a vida pública e a privada. E assim operaram recodificações.

Contra a "cultura burguesa", de que acreditava fazer parte inclusive o pensamento marxista, Deleuze procurou utilizar a filosofia nietzschiana. Contra a construção da imagem marxista do filósofo, que se limitou a condenar o estilo aforismático que ele adotou em vários de seus textos, o pensador francês quis resgatar o aforismo como instrumento de luta. Mas, pondo em relevo o caráter transgressor da filosofia de Nietzsche, acabou por atribuir-lhe "um *pathos* social" que lhe era estranho.

O desafio que a obra de Nietzsche representou nessas diferentes situações foi tema de exame de

Wolfgang Müller-Lauter. Num de seus ensaios,[67] ele comparou em particular a maneira pela qual Lukács e Deleuze consideraram o estilo aforismático. Enquanto para Lukács a adoção de tal estilo é prova de irracionalismo, para Deleuze é testemunho da radicalidade da crítica nietzschiana.

Mazzino Montinari, por sua vez, empenhou-se em trazer à luz os equívocos da leitura de Lukács no livro *A destruição da razão*. Com extremo rigor analítico, ele examinou as anotações póstumas de Nietzsche em que Lukács baseou sua interpretação, fazendo ver que não é no terreno político que elas se inscrevem; ao contrário, revelam que o combate à religião e à moral cristãs é a via adotada para a crítica do socialismo. No ensaio "Equívocos marxistas",[68] Montinari procurou assim evidenciar que associar o pensamento nietzschiano à ideologia imperialista é uma atitude, pelo menos, improcedente.

Esse jogo de imagens e contra-imagens bem mostra que é com prudência e cautela que o leitor deve se posicionar diante dos diversos partidos

---

[67] Cf. MÜLLER-LAUTER, Wolfgang. "O desafio Nietzsche". *Loc. Cit.*, p. 51-78.

[68] Cf. MONTINARI, Mazzino. "Equívocos marxistas". In: MARTON, Scarlett (org.). *Nietzsche pensador mediterrâneo*. São Paulo: Discurso Editorial, 2007, p. 97-117.

tomados em relação à filosofia de Nietzsche. Considerando-os um a um, ele tem de buscar antes de tudo situá-los no espaço em que conflitam as diversas apropriações ideológicas do autor da *Genealogia da moral*. Ao que tudo indica, nesse jogo de imagens e contra-imagens, seus escritos continuam à espera de um leitor atento.

\* \* \*

Diagnosticar os valores estabelecidos é um dos propósitos que Nietzsche se coloca, nos textos a partir de *Assim falava Zaratustra*. Introduzindo a noção de valor, ele opera uma subversão crítica: põe de imediato a questão do valor dos valores e, ao fazê-lo, levanta a pergunta pela criação dos valores. Se nunca se colocou em causa o valor dos valores "bem" e "mal", se nunca se hesitou em atribuir ao homem "bom" um valor superior ao do "mau", é porque se considerou os valores essenciais, imutáveis, eternos. Mas, ao contrário do que sempre se acreditou, o filósofo quer evidenciar que os valores têm uma origem e uma história. Com isso, conta desmontar o mecanismo insidioso que impedia de questioná-los. Com um agudo sentido de análise, busca desvendar o funcionamento secreto das paixões do ser humano e leva à mesa de dissecação o ressentimento, a culpa e a má consciência, o altruísmo, o amor ao próximo e as chamadas virtudes cristãs.

Mas não basta mostrar que os valores foram estabelecidos a partir de ângulos de visão diferentes, foram postos por pontos de vista distintos. Não basta relacioná-los com as perspectivas que os engendraram; é preciso ainda investigar que valor norteou essas perspectivas ao criarem valores. Na ótica nietzschiana, a questão do valor apresenta duplo caráter: os valores supõem perspectivas avaliadoras que os engendram; estas, por sua vez, ao criá-los, supõem um valor que as norteia. O procedimento genealógico comporta assim dois movimentos inseparáveis: de um lado, relacionar os valores com perspectivas avaliadoras e, de outro, relacionar essas perspectivas avaliadoras com um valor.

Trata-se, pois, de encontrar um valor ou, se se quiser, um critério de avaliação que não tenha sido criado, ele mesmo, por uma perspectiva avaliadora. Em outras palavras: trata-se de adotar um critério de avaliação que não possa ser avaliado. E o único critério que se impõe por si mesmo é a vida. "É preciso estender os dedos, completamente, nessa direção e fazer o ensaio de captar essa assombrosa *finesse – de que o valor da vida não pode ser avaliado*", afirma Nietzsche. "Por um vivente não, porque este é parte interessada, e até mesmo objeto de litígio, e não juiz; por um morto não, por uma outra razão".[69]

Fazer qualquer apreciação passar pelo crivo da vida equivale a perguntar se contribui para favorecê-la ou obstruí-la; submeter ideias ou atitudes ao exame genealógico é o mesmo que inquirir se são signos de plenitude de vida ou de sua degeneração; avaliar uma avaliação, enfim, significa questionar se é sintoma de vida ascendente ou declinante.

É nesses termos que Nietzsche considera a democracia, o socialismo, o anarquismo; é dentro desses parâmetros que encara as mulheres que querem tornar-se independentes. Em suma, é no contexto da crítica dos valores que inscreve tanto suas colocações acerca dos valores democráticos quanto suas posições sobre o movimento pela emancipação feminina. E seus ataques à ideia de igualdade constitui o cerne argumentativo da crítica que dirige à democracia e ao feminismo.

Em várias frentes, Nietzsche empenha-se em combater a ideia de igualdade. No ensaio "Sobre verdade e mentira no sentido extramoral", ele faz ver que as palavras, quando passam a servir para inúmeras experiências análogas à que lhes deu origem,

---

[69] *Crepúsculo dos ídolos*, "O problema de Sócrates", § 2 (RRTF), *KSA* 6.68.

tornam-se conceitos. Produzidos por "igualação do não-igual" e convindo a vários fenômenos, os conceitos mostram-se inapropriados e insuficientes a cada um deles em particular.[70] Na *Gaia ciência*, procura mostrar que nos fundamentos mesmos em que se baseia a lógica está presente a tendência ilógica a tratar o semelhante como igual.[71] Em *Para além de bem e mal*, insiste em afirmar que os mecanicistas, ao defenderem a existência de leis na natureza, nada mais fazem do que se curvarem ao impulso democrático dos tempos modernos.[72]

---

[70] Cf. "Sobre verdade e mentira no sentido extramoral", § 1 (RRTF), *KSA* 1.879s, onde se lê: "Toda palavra torna-se logo conceito justamente quanto não deve servir, como recordação, para a vivência primitiva, completamente individualizada e única, à qual deve seu surgimento, mas ao mesmo tempo tem de convir a um sem-número de casos, mais ou menos semelhantes, isto é, tomados rigorosamente, nunca iguais, portanto, a casos claramente desiguais".

[71] Cf. *A gaia ciência* § 111 (RRTF), *KSA* 3.471s, onde está registrado: "A tendência preponderante, porém, a tratar o semelhante como igual, uma tendência ilógica – pois não há em si nada igual –, foi a primeira a criar todos os fundamentos em que assenta a lógica".

[72] *Para além de bem e mal* § 22 (RRTF), *KSA* 5.37, onde se lê: "'Por toda parte igualdade diante da lei – nisso a natureza não está de outro modo nem melhor do que nós': um maneiroso pensamento oculto, em que mais uma vez está

Portanto, ao investigar o processo de formação de conceitos, ao examinar a base dos procedimentos lógicos, ao analisar a atitude dos homens de ciência, ele encontra ocasiões propícias para atacar a ideia de igualdade.

Mas é sobretudo a ideia de igualdade anunciada por religiões ou defendida por correntes políticas que Nietzsche combate; julga que se trata de uma ideia falaciosa e astuta. Desde os primeiros tempos, a noção de equilíbrio de forças regulou as relações humanas. Para conservar a própria existência, os indivíduos mais fracos procuraram associar-se. Vivendo gregariamente, esperavam enfrentar os que, mais fortes do que eles, pudessem vir a ameaçá-los. Mas os adversários – fossem indivíduos ou grupos –, sempre que tivessem forças equivalentes, concluíam a paz e estabeleciam contratos entre si. Assim surgiu a noção de direito. Reconhecendo-me direitos e permitindo-me preservá-los, cada integrante do grupo comporta-se com prudência, porque me toma como aliado contra uma terceira força que nos ameace; com receio, uma vez que teme confrontar-se comigo; com astúcia, já que espera, em troca, que eu reconheça os seus direitos e lhe permita preservá-los.

---

disfarçada a plebeia hostilidade contra tudo o que é privilegiado e senhor de si".

Direitos mantêm relações de força; constituem "graus de poder". "A desigualdade de direitos", declara Nietzsche, "é a condição necessária para que os direitos existam. Um direito é sempre um privilégio".[73] Meus direitos são essa parte do meu poder que os outros reconhecem e me permitem conservar; meus deveres, os direitos que os outros têm sobre mim. Segue-se daí que os direitos duram tanto quanto as relações de forças que lhes deram origem. A partir do momento em que a força de um certo número de indivíduos se reduz consideravelmente, os outros membros do grupo não mais reconhecem os seus direitos. Mas se, ao contrário, sua força aumenta, são estes que não mais garantem os direitos alheios. À medida que as relações de forças se modificam, certos direitos desaparecem e surgem outros.

Nessa perspectiva, a igualdade dos cidadãos perante a lei – eco da igualdade dos homens diante de Deus – não passaria de fórmula forjada por quem precisa somar forças para subsistir. Para conservar a própria existência, o indivíduo mais fraco procura associar-se. Vivendo gregariamente, espera enfrentar os que, mais fortes do que ele, possam vir a ameaçá-lo. Por isso mesmo, institui maneiras de agir e pensar universalmente válidas, censura toda

---

[73] *O anticristo* § 57 (SM), *KSA* 6.243s.

originalidade, reprova qualquer mudança. Promotor da vida em coletividade, se tentasse viver de outro modo, sucumbiria. "Animal gregário", exige ininterruptamente a vitória de cada um sobre si mesmo.

Acreditando vê-lo reinar na Europa de seu tempo, Nietzsche não hesita em afirmar que "a 'igualdade dos direitos' poderia muito bem converter-se em igualdade de não-direitos".[74] Concebendo a igualdade como supressão das diferenças, exclusão das exceções, não tem como aceitá-la entre os valores democráticos nem como admiti-la entre as bandeiras de luta feministas.

Os efeitos nocivos da democracia e do feminismo não se restringiriam, pois, à esfera política; eles se fariam sentir na cultura de modo geral. Compreende-se agora as razões que levam o filósofo a afirmar em *Para além de bem e mal*: "Nós, que somos de outra crença – nós, para quem o movimento democrático não é meramente uma forma de degradação da organização política, mas uma forma de degradação, ou seja, de apequenamento do homem, sua mediocrização e rebaixamento de valor: para onde temos *nós* de apontar nossas esperanças?".[75] Compreende-se

---

[74] *Para além de bem e mal* § 212 (RRTF), *KSA* 5.147.

[75] *Para além de bem e mal* § 203 (SM), *KSA* 5.126.

igualmente as razões que o levam a asseverar nesse mesmo livro: "A mulher quer tornar-se independente e, para tanto, começa a esclarecer os homens sobre a 'mulher em si' – *isto* faz parte dos piores progressos no *enfeamento* geral da Europa".[76]

É dessa forma pouco usual nos dias de hoje que Nietzsche se posiciona em relação à democracia; é dessa maneira polêmica que trata do feminismo em sua época. Salvaguardar as liberdades individuais teria por sinônimo exigir de todos o mesmo padrão de comportamento.[77] Aparentemente, isso acarretaria, por parte dos governados, submissão completa e, dos governantes, total controle. De fato, dirigentes e dirigidos perseguiriam aqui um único objetivo: o de impor um procedimento uniforme. Integrando a mesma coletividade, acreditariam que os indivíduos são todos fundamentalmente iguais.

---

[76] *Para além de bem e mal* § 232 (SM), *KSA* 5.170.

[77] Cf. *Crepúsculo dos ídolos*, "Incursões de um extemporâneo", § 38 (RRTF), *KSA* 6.139, onde se lê: "As instituições liberais deixam de ser liberais tão logo são alcançadas: mais tarde, não há piores e mais radicais danificadores da liberdade, do que instituições liberais. Sabe-se, até *o que* elas conseguem: minam a vontade de potência, são a nivelação da montanha e vale transformada em moral, tornam pequeno, covarde e guloso – com elas triunfa toda vez o animal de rebanho. Liberalismo: dito em alemão, *animalização em rebanho*..."

Que Nietzsche tome a defesa do aristocratismo contra o ideal gregário, fica evidente quando se percorre os seus escritos. Contudo, a aristocracia de que fala não é somente fruto de elaboração teórica; em diferentes épocas históricas, supõe encontrá-la. O homem nobre a que se refere não se reduz a mero conceito; em contextos muito precisos, acredita deparar-se com ele. Julga que existiu nos séculos XVII e XVIII com a nobreza francesa; no Renascimento, com a comunidade aristocrática de Veneza; e sobretudo na Antiga Grécia, com a aristocracia guerreira.

Eis por que, na ótica nietzschiana, a ideia de igualdade talvez só adquira sentido se concebida como relação *inter pares*. Em toda organização social, existirão sempre homens superiores e inferiores; e sempre haverá diferença entre eles: a começar pela força física que uns e outros possuem, pela capacidade de luta de que dispõem. "A doutrina da igualdade!" – exclama Nietzsche. "Mas não existe veneno mais venenoso: é que *parece* pregada pela própria justiça, quando é o *fim* da justiça... 'Aos iguais o igual, aos desiguais o desigual' essa *seria* a verdadeira divisa da justiça – e o que daí decorre: 'Nunca igualar o desigual.'"[78]

---

[78] *Crepúsculo dos ídolos*, "Incursões de um extemporâneo", § 48 (SM), *KSA* 6.150.

De um lado, os fortes; de outro, os fracos. Se no interior de cada grupo é patente a igualdade, basta comparar um grupo ao outro para que a desigualdade entre eles se torne flagrante. Por isso mesmo, em toda organização social, a hierarquia é inevitável; mais ainda, é desejável. Os diversos membros da coletividade arranjam-se de forma a que suas atividades se integrem; relações de interdependência determinam-se: uns se submetem a outros, que por sua vez se acham subordinados a outros ainda. Graças a essa organização hierárquica, os vários elementos tornam-se coesos e formam um todo. Isso não significa, porém, que foram suprimidas as diferenças. Ao contrário, os fortes, os nobres, os mais altamente situados vivem o *pathos* da distância que os separa dos demais.

Seja como valor democrático, seja como bandeira de luta feminista, a ideia de igualdade, entendida como nivelamento e uniformização, é objeto privilegiado da crítica dos valores. Associada ao cristianismo, primeiro a apregoar a igualdade dos homens, todos filhos de Deus, ela não passa de sintoma de vida declinante.

\* \* \*

"Deus está morto!" – declara Nietzsche. À primeira vista, a frase parece banal. Afinal, quem nos dias de hoje já não lidou com ateus, já não conviveu com descrentes? Mas ele vai mais longe: "Deus está morto! Deus permanece morto! E fomos nós que o matamos!". Bem mais que mero ateísmo ou simples descrença, a morte de Deus faz parte de um empreendimento filosófico que põe em cena riquíssima trama conceitual. É a morte de Deus que permitirá ao filósofo acalentar o projeto de transvalorar todos os valores.

Traço essencial de nossa cultura, o dualismo de mundos foi invenção da metafísica e da religião cristã. Com Sócrates, teve início a ruptura da unidade entre homem e mundo – e a filosofia converteu-se, antes de tudo, em antropologia. Com o judaísmo, houve o despovoamento de um mundo que estava cheio de deuses – e a religião tornou-se, acima de tudo, um "monotono-teísmo".[79] Desvalorizando este mundo em nome de um outro, essencial, imutável e eterno, a cultura socrático-judaico-cristã é niilista desde a base.

Até agora foi o homem, concebido enquanto criatura em relação a um Criador, quem avaliou; e os valores que criou desvalorizaram a Terra, depreciaram a vida, desprezaram o corpo. É preciso, pois, combatê-los, para que surjam outros. É preciso

---

[79] A expressão é de Nietzsche em *O anticristo* § 19, *KSA* 6.185.

denunciar que se forjou a alma "para arruinar o corpo", que se inventou o *mundo verdadeiro* enquanto "nosso *atentado* mais perigoso contra a vida", que se fabulou a noção de Deus como "a máxima *objeção* contra a existência".[80] Só então será possível engendrar uma nova concepção de humanidade; só então será possível criar novos valores. Tornando-se criatura e criador de si mesmo, o além-do-homem prezará os valores em consonância com a Terra, com a vida e com o corpo.

Mas Nietzsche bem sabe que não basta atacar o cristianismo, que já é niilista em sua base; é preciso ainda combater o niilismo que resulta da derrocada da interpretação cristã do mundo. Decorrente da ruína do cristianismo, o "niilismo suicida" traz o sentimento de que "nada tem sentido", "tudo é em vão". Ele vem substituir o sentido, que a interpretação cristã tinha dado à existência humana, pela total ausência de sentido. Paralisante, seu veneno atinge todos os domínios, até o do conhecimento. Niilistas são os contemplativos, que separam teoria e prática, que abdicam de legislar, que renunciam a

---

[80] Cf. respectivamente *Ecce homo*, "Por que sou um destino", § 7, *KSA* 6.372; *Fragmento póstumo* 14 [103] da primavera de 1888, *KSA* 13.281; *Crepúsculo dos ídolos*, "Os quatro grandes erros", § 8, *KSA* 6.97.

criar valores. Instaurando o vazio, é a renúncia à vida que o "niilismo suicida" prega, é a morte em vida que ele apregoa. Atravessá-lo implica, pois, aceitar a vida tal como ela é, importa aceitar inclusive tudo o que nela há de mais execrado e infame. Eis o grande desafio que Nietzsche tem de enfrentar.

É por isso que ele concebe sua obra como a tentativa de retomar as rédeas do destino da humanidade. Sócrates representou um marco na visão grega do mundo, substituindo o homem trágico pelo teórico; e Cristo, um marco no pensamento ocidental, substituindo o pagão pelo novo homem. Mas, com ele, a negação deste mundo em que vivemos aqui e agora "se fez carne e gênio". Inimigo implacável do cristianismo, Nietzsche nele encontrará um adversário que julga à sua altura. Conta inverter o sentido que ele procurou dar à existência humana; espera subvertê-lo. Pretendendo substituir o homem pelo além-do-homem, quer pôr-se como marco na história do ser humano. E, para inaugurar esta nova era, tem de realizar a transvaloração de todos os valores.

Transvalorar é, antes de tudo, suprimir o solo a partir do qual os valores até então foram engendrados. Aqui, Nietzsche espera realizar obra análoga à dos iconoclastas: derrubar ídolos, demolir alicerces, dinamitar fundamentos. É desse ponto de vista que critica a metafísica, a religião e a moral.

Transvalorar é, também, inverter os valores. Aqui, Nietzsche conta realizar obra análoga à dos alquimistas: transformar em "ouro" o que até então foi odiado, temido e desprezado pela humanidade. É desse ângulo de visão que denuncia o idealismo e reivindica este mundo em que nos achamos aqui e agora.

Transvalorar é, ainda, criar novos valores. Aqui, Nietzsche pretende realizar obra análoga à dos legisladores: estabelecer novas tábuas de valores.[81]

À existência humana o filósofo conta atribuir um novo sentido; quer fazer coincidir sentido e realidade. Assim é que de nós, seus leitores, exige uma atitude: a de aceitar a vida no que ela tem de mais alegre e exuberante, mas também de mais terrível e doloroso. E não há afirmação maior da existência humana que a afirmação de que tudo retorna sem cessar.

No contexto das preocupações cosmológicas de Nietzsche, o pensamento do eterno retorno do mesmo aparece estreitamente ligado à teoria das forças e à concepção de vontade de potência. Admitindo que a soma das forças permanece constante no mundo, o filósofo postula que, embora múltiplas, elas são

---

[81] Desenvolvi essas ideias em "A morte de Deus e a transvaloração dos valores". In: MARTON, Scarlett. *Extravagâncias. Ensaios sobre a filosofia de Nietzsche*. São Paulo: Discurso Editorial/Barcarolla, 3. ed., 2009, em particular p. 69-84.

finitas. Num tempo infinito, só haveria, então, duas possibilidades: ou o mundo atingiria um estado de equilíbrio durável ou os estados por que passasse se repetiriam. Dadas as suas concepções acerca do mundo, Nietzsche não pode aceitar que ele chegue a um estado final. Se o mundo tivesse algum objetivo, já o teria atingido; se tivesse alguma finalidade, já a teria realizado.

Finito, mas eterno: é o quanto basta para formular o pensamento do eterno retorno do mesmo. Todos os dados são conhecidos: finitas são as forças, finito é o número de combinações entre elas, mas o mundo é eterno. Daí se segue que tudo já existiu e tudo tornará a existir. Se o número dos estados por que passa o mundo é finito e se o tempo é infinito, todos os estados que hão de ocorrer no futuro já ocorreram no passado. Cada instante retorna um número infinito de vezes, cada instante traz a marca da eternidade.

Além de hipótese cosmológica, o pensamento do eterno retorno do mesmo aparece como imperativo ético. Pois, ele põe o ser humano diante de um desafio: o de viver esta vida, tal como ela é, ainda uma vez, ainda inúmeras vezes; o de dizer-sim ao mundo, tal como ele é, "sem desconto, exceção e seleção". Contra o ressentimento que envenena a metafísica, Nietzsche quer mostrar que não existe outro mundo; este é o único com que se pode contar. Contra o ascetismo que contamina o cristianismo, quer lembrar que não existe outra vida; esta é a única de que se pode dispor. É urgente, pois, abandonar o além e voltar-se para este mundo em que nos achamos; é premente entender que eterna é esta vida tal como a vivemos aqui e agora.

\* \* \*

"Sou de longe o homem mais terrível que até agora existiu; isso não exclui que eu venha a ser o mais benéfico", afirma Nietzsche no *Ecce homo*. "Conheço o prazer de *aniquilar* num grau que corresponde à minha *força* de aniquilar – em ambos obedeço à minha natureza dionisíaca que não sabe separar o 'fazer não' e o 'dizer sim'".[82] Ao descrever-se, o filósofo revela como inerentes duas atitudes: a de destruir e a de construir.

Ao examinar seus escritos, o leitor detecta como intrínsecas duas vertentes: a crítica dos valores vigentes e a proposta de uma nova concepção do mundo. Ao analisar seu projeto de transvalorar todos os valores, percebe que não basta substituir os antigos valores por outros, gerados a partir do mesmo solo

---

[82] *Ecce homo*, "Por que sou um destino", § 2 (SM), *KSA* 6.366.

que os anteriores; é necessário suprimir o solo mesmo a partir do qual eles foram colocados, para então engendrar novos valores. Ao percorrer seu livro mais controvertido, *Assim falava Zaratustra,* observa que o protagonista determina que, para ser um criador em bem e mal, é preciso ser um destruidor das tábuas de valores.

As duas vertentes do pensamento de Nietzsche, as duas exigências de seu projeto, as duas determinações de Zaratustra parecem traduzir uma dupla necessidade: a de aniquilar e a de criar. Mas a atitude de destruir e a de construir revelariam um traço esquizofrênico? Aniquilar e criar estariam desvinculados? Constituiriam um novo dualismo?

Ora, no *Nascimento da tragédia,* seu primeiro livro publicado, ao apolíneo Nietzsche contrapõe o dionisíaco. Apolo, o deus da bela forma e da individuação, permite a Dioniso que se manifeste. Dioniso, o deus da embriaguez e do dilaceramento, possibilita a Apolo que se exprima. Um assegura ponderação e domínio de si; o outro envolve pelo excesso e vertigem. Conjugados na tragédia, esses princípios são manifestações de duas pulsões cósmicas;[83] na análise da arte grega, ambos se mostram imprescindíveis.

---

[83] Cf. *O nascimento da tragédia* § 1 e § 2, *KSA* 1.26 e *KSA* 1.32.

No ensaio "Sobre verdade e mentira no sentido extramoral", o filósofo empenha-se em examinar a origem da linguagem. No momento em que alguns indivíduos procuram viver gregariamente, surge a necessidade de fixar uma designação das coisas, cujo uso seja válido e obrigatório de maneira uniforme. Para manter a vida em coletividade, impõe-se a todos os membros do grupo a obrigação de empregar as designações usuais, convencionalmente estabeleci-das. Mera convenção linguística, a verdade acaba por confundir-se com a mentira: "ser verídico" equivale a conformar-se em mentir gregariamente; ser menti-roso, a não se submeter ao que o grupo estabeleceu.

Em *Para além de bem e mal*, Nietzsche mostra que, ao contrário do que a linguagem leva a crer, vontade de saber e vontade de não saber não consti-tuem antíteses; a ciência é apenas uma expressão mais refinada da ignorância. Enquanto a linguagem se revela incapaz de superar sua grosseria e continua "fa-lando de oposições onde só existem gradações e finas transições", os metafísicos seguem tendo por crença fundamental "a crença nas oposições dos valores".[84]

Nos escritos em que combate a metafísica, o filósofo propõe-se a atacar o dualismo de mundos,

---

[84] Cf. respectivamente *Para além de bem e mal* § 24, *KSA* 5.42, e § 2, *KSA* 5.16.

não para identificá-los ou para abolir, apenas, o outro mundo. Não é suficiente apontar o equívoco da metafísica, que acredita existir o outro mundo; é preciso ainda mostrar o engano do positivismo que, ao desqualificar o outro mundo, toma este por verdadeiro, mantendo – às avessas – o dualismo instaurado pela metafísica. "O verdadeiro mundo, nós o expulsamos: que mundo resta? O aparente, talvez?... Mas não! *Com o verdadeiro mundo expulsamos também o aparente!*"[85]

Eis aí exemplos de um mesmo procedimento. Na análise da arte grega, no exame da noção de verdade, na crítica à linguagem, no combate à metafísica, Nietzsche entende que não é possível conservar um termo da oposição sem assumir o outro; impõe-se, pois, eliminá-la. A recusa dos dualismos é uma constante em seus escritos. Dessa perspectiva, seria errôneo conceber as duas vertentes de seu pensamento como compartimentos estanques. Seria equivocado apreender as duas exigências de seu projeto de transvaloração dos valores como determinações paralelas. Seria improcedente compreender sua dupla necessidade como atitudes independentes.

Destruir e construir constituem momentos de um mesmo desenrolar, movimentos de um mesmo

---

[85] *Crepúsculo dos ídolos*, "Como o 'verdadeiro mundo' acabou por se tornar em fábula" (RRTF), *KSA* 6.81.

processo. Ao evocar o nome de Dioniso para definir-se, Nietzsche reclama que se leve em conta a relação intrínseca entre eles. "Com a palavra 'dionisíaco'", esclarece, "é expresso o sentimento da *unidade* entre a necessidade do criar e do aniquilar".[86]

Com sua filosofia experimental, Nietzsche dispõe-se a explorar o que acredita estar por vir. O niilismo, que constata em sua época, consistiria na total ausência de sentido provocada pelo esboroamento dos valores fundados no outro mundo. O niilismo radical, que antecipa, deveria antes de mais nada fazer a crítica do fundamento mesmo desses valores. Levando-o às suas últimas consequências, seria possível chegar à afirmação incondicional de tudo o que advém.

"Supremo estado que um filósofo pode alcançar", determina o autor de *Ecce homo*, "estar dionisiacamente diante da existência – minha fórmula para isso é *amor fati*".[87] Nem conformismo, nem resignação,

---

[86] *Fragmento póstumo* 14 [14] da primavera de 1888 (SM), *KSA* 13.224.

[87] *Fragmento póstumo* 16 [32] da primavera/verão de 1888 (SM), *KSA* 13.492. Nessa mesma direção, vale a pena lembrar esta belíssima passagem: "Minha fórmula para a grandeza no homem é *amor fati*: não querer nada de outro modo, nem para diante, nem para trás, nem em toda eternidade. Não meramente suportar o necessário, e menos ainda dissimulá-lo – todo idealismo é mendacidade diante

nem submissão passiva: *amor*; nem lei, nem causa, nem fim: *fatum*. Converter o impedimento em meio, o obstáculo em estímulo, o adversário em aliado, é afirmar, com alegria, o acaso e a necessidade ao mesmo tempo; é dizer-sim à vida. Assentir sem restrições a todo acontecer, admitir sem reservas tudo o que ocorre, anuir a cada instante tal como ele é, é aceitar amorosamente o que advém; é dizer-sim ao mundo.

E assim se revela a estreita relação entre as duas vertentes de seu pensar: a face corrosiva da crítica dos valores, com a noção de valor e o procedimento genealógico, e a face construtiva da cosmologia, com a concepção de vontade de potência, a teoria das forças e o pensamento do eterno retorno do mesmo.

Nietzsche, por certo, não acredita que o curso da história é determinado por necessidade objetiva. Mas, longe de ser um irracionalista, ele entende que não se pode separar os acontecimentos históricos dos valores que neles se expressam. Instrumento para diagnosticar os valores estabelecidos, a genealogia transforma-se, em suas mãos, em poderosa arma de crítica e combate ao seu tempo – e ao nosso também. Mas, longe de ser um niilista, ele propõe uma nova concepção do ser humano e do mundo.

---

do necessário –, mas *amá-lo...*" (*Ecce homo*, "Por que sou tão esperto", § 10 (RRTF), *KSA* 6.297).

# As provocações de Nietzsche

## Desnecessário e inoperante?

Por desprezar sua filosofia, há quem sustente que Nietzsche não fornece instrumentos para analisar a situação política. É fato que ele não elabora uma teoria política acabada, não se pretende teórico do poder, no sentido estrito da palavra, e tampouco se quer analista político. Mas nem por isso deixa de refletir sobre temas centrais da filosofia política e problemas candentes de sua época: as relações entre indivíduo e Estado, o Segundo Reich e Bismarck, o sufrágio universal e os exércitos nacionais, os partidos políticos e a situação da imprensa, o desaparecimento das nações e a unificação da Europa.

Se a essas questões não confere tratamento especial nem atribui estatuto próprio, se não as enquadra num domínio particular do conhecimento nem delas se ocupa com metodologia específica, é porque entende que a política aparece estreitamente vinculada à moral e à religião. Intimamente ligadas, as três constituem ponto nodal em seu pensamento, integram um campo de investigação mais amplo: são objeto da crítica dos valores. É desse ponto de vista que ele julga acontecimentos históricos, correntes de ideias, sistemas de governo.

Se hoje há quem assegure que, no Brasil, é inútil ler seus textos, é porque deles espera respostas imediatas para os nossos problemas. Assim divulga-se a imagem de Nietzsche desnecessário e inoperante, fruto de um modo de pensar pragmático e utilitarista.

## Sem escola ou seguidores?

Para desvalorizar suas ideias, há quem argumente que Nietzsche é um fenômeno episódico da história da filosofia. Mas não se tem como negar que ele foi determinante para a reflexão filosófica do século XX. Prova disso é o fato de ter marcado os mais diferentes pensadores. Basta lembrar dos expoentes da Escola de Frankfurt, Adorno, Horkheimer e Marcuse, que em suas análises partiram de Nietzsche, ao lado de Marx e Freud. Ou então dos representantes do chamado pensamento rebelde na França, Foucault, Deleuze e Derrida, que em suas investigações também tomaram como ponto de partida o autor do *Crepúsculo dos ídolos.* Ou ainda de Wittgenstein, em cujas ideias se encontram ressonâncias do pensamento nietzschiano. Tudo isso sem falar de Freud e da psicanálise.

Vale ainda lembrar que, nos últimos tempos, intelectuais de qualidade, sobretudo na Alemanha, na França e na Itália, realizaram trabalhos sérios e competentes, examinando as múltiplas questões colocadas acerca e a partir da reflexão nietzschiana.

Se hoje há quem afirme que não existe um retorno a Nietzsche, é porque desconhece a gama de escritos e debates que ele continua a ensejar. Assim difunde-se a imagem de Nietzsche sem escola ou seguidores, fruto de uma abordagem precipitada e cheia de prevenção.

## Aversivo ou fascinante?

Alguns não hesitam em falar do mal-estar que atualmente lhes provocam os escritos do filósofo; outros, da sedução que ainda exercem. No início da década de 1970, Eugen Fink[88] reconheceu que sua obra literária não mais influenciava escritores de talento como outrora; o encanto produzido pela perfeição de sua linguagem era coisa datada. Também Löwith[89]

---

[88] Cf. "Nouvelle expérience du monde chez Nietzsche". *Op. cit.*, v. 2, p. 345-364; em português, "Nova experiência do mundo em Nietzsche". *Op. cit.*, p. 168-192.

[89] Cf. "Nietzsche et l'achèvement de l'athéisme". *Op. cit.*, v. 2, p. 207-222; em português, "Nietzsche e a completude do ateísmo". *Op. cit.*, p. 140-167.

admitia que a embriaguez provocada por suas metáforas, parábolas e aforismos pertencia ao passado. Contudo, a aversão ou o fascínio, que porventura seus textos ainda podem causar, não devem ofuscar o olhar do comentador.

Nos dias de hoje, embora de forma bem mais atenuada, Nietzsche continua a provocar aversão ou fascínio entre nós. Enquanto, de um lado, a aversão afasta o leitor dos textos, de outro, o fascínio leva-o a identificar-se com o autor. No primeiro caso, manifestando verdadeira alergia, o leitor deixa aflorar seus preconceitos e convicções mais arraigados; no último, siderado pela miragem da alma gêmea, vê paralisar-se a capacidade de reflexão e embotar-se o espírito crítico. Em ambos os casos, seja porque de Nietzsche procura apartar-se, seja porque dele busca acercar-se, acredita estar diante de um pensador dos mais acessíveis.

Que se tome por exemplo *Assim falava Zaratustra*. Entre os livros do filósofo, é o que continua a chamar mais a atenção. É bem verdade que, nos últimos tempos, realizaram-se trabalhos de mérito a seu respeito.[90] Mas também ocorre que, embalados

---

[90] Cabe mencionar algumas obras importantes: LAMPERT, Laurence. *Nietzsche's Teaching*. New Haven: Yale University Press, 1986; ROSEN, Stanley. *The Mask of Enlightenment. Nietzsche's Zarathustra*. Cambridge: Cambridge University

por seus recursos estilísticos, leitores percam de vista a trama conceitual nele presente e sequer percebam o lugar que ocupa no contexto da obra nietzschiana. Sem atinar com as dificuldades de compreensão que os textos de Nietzsche colocam, apressados, não hesitam em aderir ou se contrapor ao seu pensamento. Sem dispor-se a estabelecer um contato direto com eles, açodados, não vacilam em difamar ou incensar a sua filosofia.

Se hoje há quem se declare seduzido ou molestado pelos seus escritos, é porque em face deles acaba por assumir a mesma atitude de outrora: uma atitude entusiasmada ou preconceituosa. Assim propaga-se a imagem de Nietzsche aversivo ou fascinante, fruto de uma leitura rápida e desatenta.

## Lidando com as provocações de Nietzsche

Para pôr-se a salvo das provocações do filósofo, vários são os expedientes a que se recorre. Um deles consiste em sustentar que Nietzsche não é de modo

---

Press, 1995; BOTET, Serge. *Le Zarathoustra de Nietzsche. Une refonte du discours philosophique?* Paris: Éditions Klincksieck, 2006; MARIANI, Emanuele Enrico. *À propos* d'Ainsi parlait Zarathoustra *de Nietzsche: Éthique, psychologie et transfiguration du sacré.* Paris: Éditions Mimésis, 2018.

algum filósofo: ele não passaria de um escritor entre tantos; seria um poeta que enlouqueceu; ele se apresentaria como um pensador antissistemático; apareceria como um autor contraditório. Em suma, não é capaz de uma reflexão filosófica.

Outro baseia-se em afirmar que Nietzsche é precursor do nazismo: ele se revelaria um profeta do nacional-socialismo; seria um autor nacionalista; ele se mostraria um pensador antissemita; surgiria como um apologista da força bruta. Em suma, não tem um projeto filosófico próprio.

Mais um expediente reside em declarar que Nietzsche é irracionalista e niilista: ele se revelaria um destruidor dos valores democráticos; seria um autor misógino; ele se apresentaria como um demolidor do cristianismo; não passaria de um pensador iconoclasta. Em suma, não avança teses filosóficas.

Tantas e tão variadas são as maneiras de não lidar com as suas provocações. Ao lado dessas, que constituem os capítulos e tópicos deste livro, muitas mais se apresentam. Aqui, vale mencionar pelo menos outras quatro.

Uma delas consiste em evitar o corpo a corpo com seus textos. Nesses cento e trinta anos que nos separam do momento em que Nietzsche interrompeu as atividades intelectuais, surgiram trabalhos de toda sorte a seu respeito, as mais variadas imagens colaram-se à sua figura, as leituras mais diversas juntaram-se ao seu legado.

Assim é que na França da década de 1970, Deleuze, Lyotard e Klossowski estavam atentos àquilo que a fala de Nietzsche suscitava; norteavam-se menos pelas suas ideias que pela perspectiva que acreditavam apontar. Não pretendiam pensar a atualidade do discurso nietzschiano, mas queriam refletir sobre a atualidade *através* dele. Em contrapartida, hoje, nos Estados Unidos, em vez de utilizar o filósofo como caixa de ferramentas, para diagnosticar os valores de nossa época, estudiosos acabam por convertê-lo em instrumento para corroborar posições teóricas ou ideológicas já estabelecidas. De Nietzsche, na verdade, sempre se disse o que se quis.

Mais grave, porém, é constatar a profusão de certos textos sobre o pensamento nietzschiano entre nós. Como vivemos num país em que não se preza a história nem a memória, multiplicam-se escritos que se limitam a arrombar portas abertas. Desprovidos de originalidade e esforço reflexivo, eles nada mais fazem do que revelar atitudes autopromocionais, comportamentos pautados pelo *marketing* filosófico. E assim, dada a ausência de discernimento que impera, não é raro que ganhem posição de destaque justamente textos que prestam um desserviço ao público brasileiro.

Por certo, não cessam de proliferar os que se servem de Nietzsche para falar o que querem, sem permitir que ele fale por si mesmo. Contudo, é preciso insistir que as leituras de sua obra podem ser corretas e erradas. Há leituras que procuram fazer jus aos seus escritos e as que não hesitam em distorcê-los. O critério que se impõe para distinguir entre umas e outras consiste em buscar compreender o autor como ele mesmo se compreendeu – nem mais nem menos.

Reinscrever seu pensamento na época em que foi elaborado permite avaliar o que nele é datado e o que é extemporâneo; devolver-lhe a espessura histórica permite apreender o que traz as marcas de seu tempo e o que ainda hoje se revela operante para refletir sobre as questões da atualidade.

Se hoje há quem alerte para os perigos do contágio Nietzsche ou manifeste alergia por ele, é porque não se dispõe a enfrentar, sem intermediações, sua fala: corrosiva, mas também construtiva.

A segunda maneira de não ter de se haver com as provocações de Nietzsche foi recorrente no correr de todo o século passado e continua a ser muito praticada nos dias de hoje. Ela consiste em operar na sua obra recortes arbitrários, que no mais das vezes visam a satisfazer interesses imediatos. Alguns comentadores consideraram mais relevantes os livros publicados em vida pelo filósofo; outros conferiram peso maior aos fragmentos póstumos, e outros ainda hierarquizaram os textos segundo a importância que acreditavam ter cada um deles, encarando este ou aquele como a "obra capital". E houve quem entendesse que se devia levar em conta apenas os póstumos que se mostravam de acordo com a obra publicada.

Contudo, esta não é apenas uma questão metodológica. Perguntar sobre a relação que se deve estabelecer com os escritos de Nietzsche tem outras implicações. Importa, antes de tudo, deixar clara a disposição de não considerar sua obra mero escrito ideológico e tornar patente a intenção de tomá-la enquanto texto filosófico. Essa atitude vem contrapor-se a outras que, sem dúvida, não se pautam por motivos teóricos nem se norteiam por razões de método.

Quando se procura compreender o pensamento do autor de *Ditirambos de Dioniso*, julgo que se deve levar em conta todos os seus escritos, os livros publicados e os fragmentos póstumos. Embora nos anos de 1970 tenha vindo a público a edição crítica das obras completas, organizada por Giorgio Colli e Mazzino Montinari, isso não impediu que se continuasse e ainda se continue a publicar, de forma irresponsável e leviana, coletâneas de aforismos e breviários de citações a partir de textos de Nietzsche. Estranha sina essa de um autor que continua célebre sem ser conhecido.

Uma terceira maneira de não lidar com suas provocações diz respeito à atitude adotada em face de seus textos. É bem verdade que Nietzsche ocultou concepções suas ou apenas as deixou entrever. De fato, não são raras as passagens em que ele critica a função comunicativa da linguagem.[91] Para que haja comunicação, não basta utilizar as mesmas palavras; é preciso comungar as mesmas experiências. Atendendo a exigências da vida gregária, a linguagem opera abreviações. Antes de mais nada, abrevia como o indivíduo se sente e o que pensa a respeito de si e do mundo. Seu caráter grosseiro está longe, pois,

---

[91] Vale lembrar a belíssima passagem do *Crepúsculo dos ídolos*, "Incursões de um extemporâneo", § 26 (RRTF), *KSA* 6.128: "Não nos estimamos mais o bastante, quando nos comunicamos. Nossas vivências mais próprias não são nada tagarelas. Não poderiam comunicar-se, se quisessem. É que lhes falta a palavra. Quando temos palavras para algo, também já o ultrapassamos. Em todo falar há um grão de desprezo. A fala, ao que parece, só foi inventada para o corte transversal, o mediano, o comunicativo. Com a fala já se *vulgariza* o falante".

de ser contingente; acha-se inscrito em sua própria natureza. É para facilitar a sobrevivência que a linguagem, grosseira, simplifica. E não se reconhecendo simplificadora torna-se o solo propício onde se enraízam preconceitos metafísico-religiosos. Razões bastantes para Nietzsche apresentar concepções suas de modo velado, alusivo ou mesmo hipotético.

E a estas razões acrescentam-se outras. Tampouco são raros os momentos em que ele se antecipa à elaboração de suas ideias. Tanto é que, em agosto de 1881, ao ser atravessado pela visão do eterno retorno do mesmo, decide não participá-la a ninguém.[92] Mas, passados alguns meses, já na *Gaia ciência* anuncia que tudo retorna sem cessar. É certo que, em sua obra, existem questões sempre retomadas; é certo também que algumas questões são tratadas num único texto e outras surgem, sofrem mudanças e desaparecem; é certo ainda que, por vezes, a descontinuidade das questões se dá de uma linha para outra. Mas também ocorre que ideias se apresentem de início enquanto simples anotações,

---

[92] A Heinrich Köselitz ele escreve, no dia 14 de agosto de 1881 (SM), *KSB* 6.112: "Pensamentos surgiram em meu horizonte, pensamentos tais como nunca vi. Não direi uma palavra e procurarei manter-me calmo e impassível. Sem dúvida, é preciso que eu viva ainda *alguns* anos".

pareçam logo perder a importância e recebam, por fim, cuidadosa formulação.

Não é por acaso que Nietzsche "se compreendia como o mais escondido de todos os ocultos". Por isso mesmo, para tentar compreender o seu pensamento, entendo que é preciso levar em conta todas as suas ideias – as claramente explicitadas e as por serem elaboradas. Bem mais, é preciso dispor-se a ruminá-las.

Uma quarta maneira de não enfrentar as provocações de Nietzsche é esperar que nos dê respostas. Não há dúvida de que ele é um pensador-de-problemas. Mas nem por isso se detém no exame de questões de isoladas; ao contrário sempre visa à unidade. Tampouco há dúvida de que procura conectar os problemas específicos com um todo. Mas nem por isso espera tornar sua reflexão definitiva; ao contrário, quer continuamente pôr à prova suas hipóteses.[93] Se o leitor se deixar levar por seus questionamentos,

---

[93] Cf. *Para além de bem e mal* § 289 (RRTF), *KSA* 5.234, onde se lê: "Toda filosofia é uma filosofia de fachada – eis um juízo ermitão: 'Há algo de arbitrário se *aqui* ele se deteve, olhou para trás, olhou em torno de si, se *aqui* ele não cavou mais fundo e pôs de lado a enxada – há também algo de desconfiado nisso'. Toda filosofia esconde também uma filosofia; toda opinião é também um esconderijo, toda palavra também uma máscara".

que em certa medida também são os nossos, acabará por percorrer caminhos que o conduzirão ao cerne mesmo do seu filosofar.

Supondo que "um filósofo sempre foi primeiro um ermitão" e pondo-se como ermitão e filósofo, Nietzsche deixa entrever que há algo de incomunicável no que tem a dizer. É de vivências jamais partilhadas que fala. Por engendrarem-se na solidão, suas palavras trazem a marca do silêncio. Mas é, também, por outra razão que elas calam. Julgando que um filósofo não pode ter opiniões categóricas, Nietzsche acena com a ideia de que há algo de provisório no que ele efetivamente diz. É de um momento do processo que fala.

Esta é talvez a principal razão pela qual ele tem de permanecer inconcluso; não pode almejar um termo de chegada para suas investigações. De fato, não é mais um sistema filosófico o que propõe. Pondo em prática sua "psicologia do desmascaramento", questiona crenças, denuncia convicções, combate preconceitos. E assim acaba por elaborar um pensamento que se faz a partir de suas tensões imanentes; termina por construir uma filosofia que vive de seus próprios conflitos. Em suma, é enquanto reflexão incessante, em permanente mudança, que a filosofia nietzschiana se dá ao leitor. Nada mais distante de um receituário.

Muito se escreveu sobre este filósofo tão singular e, ao que parece, ainda não se levou a sério as múltiplas provocações que propõe. Na correspondência e nos livros, ele não se cansa de tentar compreender as razões da indiferença que o cerca. Sempre se queixa do silêncio que pesa sobre sua obra, da solidão que se apodera de sua vida. Raros amigos, escassos leitores. De sua época só espera não-entendimento ou descaso. Acredita ter nascido póstumo; suas ideias destinam-se a um público por vir. Tudo leva a crer que, neste século XXI, Nietzsche permanece um extemporâneo.

De todos, o desafio maior que ele apresenta ao leitor consiste, por certo, no caráter experimental de sua reflexão. Opção filosófica, o experimentalismo permite descartar grande quantidade de preconceitos, desmascarar a falta de sentido de inúmeras convicções, aliviar o fardo das esperanças vãs. Instigando-nos a levantar questões sem trégua ou termo, Nietzsche convida-nos a nos pôr em questão. Provocador, ele nos faz pensar.

Por que não aceitar o seu convite?

# Biografia intelectual

**1844**

Friedrich Wilhelm Nietzsche nasce em Röcken, na Prússia, no dia 15 de outubro. Filho primogênito do pastor luterano Karl Ludwig Nietzsche e Franziska Oehler, que também pertence a uma família de pastores protestantes.

**1846**

Nasce Elizabeth, a segunda criança do casal.

**1848**

Karl Ludwig e Franziska têm o terceiro filho: Joseph.

**1849**

Depois de uma queda, Karl Ludwig, vítima de cegueira e paralisia progressiva, vem a falecer.

**1850**

Morre o pequeno Joseph. Franziska muda-se com os dois filhos para Naumburgo, onde Nietzsche começa a frequentar a escola municipal.

**1851**

Em abril, ele se transfere para o Instituto Weber.

**1854-1858**

Nietzsche matricula-se no ginásio de Naumburgo, onde prossegue seus estudos.

**1858-1864**

Em outubro de 1858, ingressa como bolsista no Colégio Real de Pforta. Nesse renomado estabelecimento de ensino, recebe sólida formação em estudos clássicos. Então, escreve seus primeiros textos, em particular poemas e trechos de uma autobiografia. Em 1863, funda com Carl von Gersdorff (1844-1904) e Paul Deussen (1845-1904) a Sociedade Literária Germania.

**1864**

Em setembro, Nietzsche conclui o curso secundário. Em outubro, ingressa na Universidade de Bonn, para estudar teologia e filologia clássica.

**1865**

Transfere-se em outubro para a Universidade de Leipzig, onde prossegue os estudos de filologia clássica sob a orientação do eminente helenista Ritschl. Descobre Schopenhauer e entusiasma-se com a leitura de sua principal obra, *O mundo como vontade e representação*, que fora publicada em 1819.

**1866**

Com o professor Ritschl e alguns colegas, dentre eles Erwin Rohde (1845-1898), funda a Sociedade Filológica de Leipzig.

**1867**

Publica o artigo "Para a história da coletânea dos aforismos de Theógnis de Megara" na *Rheinisches Museum*, importante revista de filologia grecolatina, e elabora um trabalho sobre "As fontes de Diógenes Laércio". Em outubro, entra no serviço militar.

**1868**

Devido a um acidente, é dispensado em março do serviço militar. Em outubro, de volta à Universidade, escreve uma série de artigos de filologia para a *Revista Literária do Centro*. No dia 8 de novembro, conhece o compositor Richard Wagner (1813-1883), que está de passagem por Leipzig.

**1869**

Graças à qualidade excepcional de seus trabalhos filológicos, Nietzsche é nomeado professor de filologia clássica na Universidade da Basileia, na Suíça, embora ainda não possua o título de doutor. A conferência inaugural que então profere tem por título "Homero e a filologia clássica".

No dia 17 de maio, ele faz a primeira visita a Wagner e sua mulher Cosima, instalados em Triebschen, à beira do Lago dos Quatro Cantões. Vai estreitar a amizade com eles, tornando-se presença constante na casa.

Na Basileia, trava conhecimento com Jacob Burckhardt (1818-1897) e Franz Overbeck (1837-1905), nomes de prestígio na Universidade. Burckhardt, historiador da arte, estudioso da cultura grega e do renascimento italiano, será o mestre admirado e respeitado. Overbeck, professor de teologia e crítica do cristianismo, será o amigo fiel e constante, presente até o fim da sua vida.

## 1870

Faz duas conferências: "O drama musical grego" e "Sócrates e a tragédia"; redige "A visão dionisíaca do mundo".

Participa como enfermeiro voluntário na guerra franco-prussiana, mas contrai uma séria infecção, sendo obrigado a regressar à Suíça. Com a vitória dos exércitos prussianos, a unificação alemã sob a hegemonia da Prússia e as consequentes transformações econômicas, políticas e sociais, cresce sua hostilidade em relação à Alemanha.

**1871**

Em dezembro, Nietzsche termina de redigir *O nascimento da tragédia no espírito da música*, que será publicado no ano seguinte com uma dedicatória a Richard Wagner.

**1872**

Seu primeiro livro enseja violenta polêmica no mundo universitário. Criticado de forma veemente por filólogos ortodoxos, como Wilamowitz-Moellendorff (1848-1931), será defendido por Erwin Rohde e Richard Wagner. Na Basileia, Nietzsche profere cinco conferências "Sobre o futuro dos nossos estabelecimentos de ensino". Redige ainda um pequeno ensaio intitulado "A justa de Homero".
A partir desse ano, passa a dedicar-se a leituras de física geral, química e biologia.

**1873**

Escreve "A filosofia na época trágica dos gregos" e "Introdução teorética sobre verdade e mentira no sentido extramoral", textos inacabados. Publica a *Primeira consideração extemporânea: David Strauss, o devoto e o escritor*.
Sofre as primeiras crises de saúde.

## 1874

São editadas a *Segunda consideração extemporânea: Da utilidade e desvantagem da história para a vida* e a *Terceira consideração extemporânea: Schopenhauer como educador*, que não têm repercussão.

Nietzsche convive intensamente com Overbeck e distancia-se, pouco a pouco, de Wagner e Cosima, que desde 1872 se instalaram em Bayreuth.

## 1875

Devido a um processo de deterioração da saúde, suspende seus cursos.

## 1876

Publica a *Quarta consideração extemporânea: Richard Wagner em Bayreuth*. No mês de novembro, vê pela última vez o compositor em Sorrento, na Itália.

Nesse mesmo ano, encontra Paul Rée e Peter Gast. O médico Paul Rée (1849-1901), que acabava de publicar seu primeiro livro, *Observações psicológicas* (1875), e trabalhava no segundo, *Origens dos sentimentos morais* (1877), será, para Nietzsche, durante alguns anos o companheiro de leituras e discussões mais estimado.

Peter Gast, pseudônimo de Heinrich Köselitz (1854-1914), que era estudante de filologia da Basileia e sobretudo músico, será o amigo fiel e constante de Nietzsche, que vai ajudá-lo, a partir da *Quarta consideração extemporânea*, na revisão da impressão de suas obras.

**1876-1877**

Afastado da Universidade por razões de saúde, o filósofo passa um tempo em Sorrento e descobre o sul da Itália, que desempenhará papel importante na sua reflexão.

**1878**

Durante o ano todo, Nietzsche debate-se com problemas de saúde. Em maio, publica o primeiro volume de *Humano, demasiado humano — um livro para espíritos livres*, dedicado a Voltaire. Rompe definitivamente com Wagner. No momento mesmo em que envia ao compositor um exemplar de seu livro, dele recebe a partitura do *Parsifal*.

**1879**

Aparecem dois apêndices a *Humano, demasiado humano*: em março, *Miscelânea de opiniões e sentenças* e, em setembro, *O andarilho e sua sombra*. Anos mais tarde, em 1886, eles serão reunidos e publicados como o segundo volume de *Humano, demasiado humano*.

Em maio, Nietzsche apresenta a carta de demissão junto à Universidade da Basileia. Doente, abraça uma vida errante. De um ponto a outro, expede a mala de cem quilos, com livros e manuscritos. Por vezes, sem saber o que fazer, acaba por deixá-la durante dias no guarda-volumes. No bolso, o recibo de todos os seus pertences. Em parte alguma, ele se deixará reter por mais de seis meses. Percorrerá sobretudo a Suíça, a Itália e o sul da França.

## 1880

Nesse ano, por exemplo, o filósofo vive em Veneza, Marienbad, Naumburgo, Basileia, Locarno, Stresa, Gênova.
Registra muitas notas de leitura das obras de Stendhal, que conhecera no ano anterior.

## 1881

Em julho, publica *Aurora – pensamentos sobre os preconceitos morais*. No começo de agosto, em Sils-Maria, na Suíça, é atravessado pela visão do eterno retorno do mesmo. Em novembro, em Gênova, na Itália, descobre a *Carmen* de Bizet.

## 1882

Em fevereiro, termina de redigir mais um livro: *A gaia ciência*, que então conta com quatro partes e será publicado em setembro.
Em abril, viaja para a Sicília, onde escreve *Idílios de Messina*, um conjunto de poemas. No final

do mês, chega a Roma. Lá conhece a "jovem russa" Lou Salomé.

## 1883

No início do ano, Nietzsche escreve em Portofino, vilarejo da Riviera Italiana, a primeira parte de *Assim falava Zaratustra – um livro para todos e para ninguém*, em dez dias. E, em julho, redige a segunda em Sils-Maria, também em dez dias. Antes, no dia 13 de fevereiro, Wagner morria de um ataque cardíaco em Veneza.

## 1884

Em Nice, escreve em dez dias a terceira parte de *Assim falava Zaratustra*. Sua irmã casa-se com o Dr. Bernhard Förster, líder de um movimento antissemita na Alemanha.

## 1885

Redige em Nice a quarta e última parte de *Assim falava Zaratustra* em dez dias. Agrava-se seu estado de saúde.

## 1886

Nietzsche publica *Para além de bem e mal – prelúdio de uma filosofia do porvir*; recebe uma carta de felicitações de Hippolyte Taine, crítico e historiador da arte francês (1828-1893), um dos primeiros sinais de reconhecimento por parte do mundo intelectual.

Com um novo editor, faz acertos para a reedição de seus livros já publicados. Escreve os prefácios ao primeiro e segundo volumes de *Humano, demasiado humano*, *O nascimento da tragédia*, *Aurora* e *A gaia ciência*, assim como a quinta parte deste último livro.

Logo no início desse ano, descobre Dostoiévsky.

## 1887

Redige "O niilismo europeu" e publica *Genealogia da moral* – um escrito polêmico em adendo a *Para além de bem e mal* como complemento e ilustração. Reedita *A gaia ciência*, com o quinto livro e o prefácio redigidos pouco antes, assim como as "Canções do príncipe Vogelfrei", inspiradas na poesia provençal dos trovadores.

## 1888

Nesse seu último ano de vida consciente, Nietzsche desenvolve intensa atividade intelectual. Publica *O caso Wagner – um problema para músicos* e *Crepúsculo dos ídolos – ou como filosofar com o martelo*. Redige também *O anticristo* e *Ecce homo*, que só virão a público anos depois. Elabora ainda *Nietzsche contra Wagner* e *Ditirambos de Dioniso*. Sua saúde depaupera-se ainda mais. Em dezembro, uma forte tensão psíquica leva-o a mergulhar no delírio.

### 1889

Nos primeiros dias de janeiro, sofre um colapso psíquico em Turim. Perde os sentidos na rua, é levado para a pensão onde se encontra alojado, redige os "bilhetes da loucura". Seu amigo Franz Overbeck consegue levá-lo de volta à Basileia, onde será internado numa clínica psiquiátrica; os médicos diagnosticam "paralisia cerebral progressiva".

### 1890

Em março, o filósofo deixa a clínica de Iena sob a tutela da mãe.

### 1895

Elizabeth Förster-Nietzsche, irmã do filósofo, publica pela primeira vez *O anticristo*, numa versão mutilada. Um dos textos suprimidos foi a "Lei contra o cristianismo".

### 1896

Com o capital proveniente dos direitos autorais das obras do irmão e de doações, Elizabeth adquire uma *villa* na cidade de Weimar e nela instala os Arquivos Nietzsche. Aí recebe as altas personalidades do mundo cultural e político, expondo o irmão aos olhares curiosos dos visitantes.

**1897**

Morre Franziska Nietzsche, mãe do filósofo.

**1900**

Nietzsche morre em Weimar no dia 25 de agosto.

**1908**

Primeira publicação de *Ecce homo*, numa versão falseada pela sua irmã. No caso deste livro e, também, de *O anticristo*, assim como dos escritos póstumos, será preciso esperar mais de sessenta anos para ter acesso aos textos redigidos pelo próprio Nietzsche, com a edição Colli-Montinari.

# Indicações para leitura

Quando se trata de Nietzsche, é indispensável ao mesmo tempo dedicar-se a desmascarar as apropriações ideológicas de sua obra e empenhar-se em lidar com as peculiaridades de sua maneira de expressar-se. Se é preciso impedir desvios e deturpações propositais de seu pensamento, também é necessário evitar mal compreender suas ideias. E, no limite, os dois procedimentos vêm juntos; num caso e noutro, trata-se de desfazer-se de hábitos, abandonar comodidades, renunciar à segurança. Numa palavra, trata-se de evitar adotar crenças, sustentar convicções, defender preconceitos. Não é por acaso que, no entender de Nietzsche, seriam justamente esses os requisitos essenciais do espírito livre.[94]

---

[94] Vale lembrar esta passagem notável da *Gaia ciência* § 347 (RRTF), *KSA* 3.583: "Onde um homem chega à convicção fundamental de que *é preciso* que mandem nele, ele se torna 'crente'; inversamente seria pensável um prazer e uma força de autodeterminação, uma *liberdade* da vontade, em que um espírito se despede de toda crença, de todo desejo de certeza, exercitado, como ele está, em poder manter-se sobre leves

## Sobre as edições

De modo geral, nada se iguala ao contato direto com os textos dos filósofos. No caso do autor de *Para além de bem e mal*, isto é ainda mais verdadeiro. Nenhum estudo, por mais brilhante que seja, poderia pôr-se no lugar da leitura atenta de seus escritos. Extraordinariamente ricos e instigantes, eles se acham hoje disponíveis na íntegra, graças à edição de Colli e Montinari, em alemão, italiano, francês e japonês,[95] assim como no site www.nietzschesource.org. Vale ainda consultar o belo livro intitulado *Uma aventura de mais de um século*, de Maria Cristina Fornari, acerca da história das edições dos textos de Nietzsche.[96]

## Sobre as traduções para o português

Com exceção dos estudos filológicos e das anotações póstumas, os livros publicados em vida por

---

cordas e possibilidades, e mesmo diante de abismos dançar ainda. Um tal espírito seria o *espírito livre par excellence*".

[95] *Werke. Kritische Studienausgabe.* Berlim: Walter de Gruyter & Co., 1988, 15 v.; Milão: Adelphi Edizioni; Paris: Gallimard; Toquio: Hakusuisha Publishing Company.

[96] FORNARI, Maria Cristina. *Uma Aventura de mais de um século. A história das edições de Nietzsche.* Trad. Maria Elisa Bifano. São Paulo: Editora Unifesp, 2019.

Nietzsche foram objeto de traduções na nossa língua; algumas delas são de boa qualidade, enquanto outras chegam a trair o espírito, quando não a letra, dos escritos do filósofo.

Por sua qualidade excepcional, vale lembrar a tradução de Rubens Rodrigues Torres Filho para o volume *Nietzsche – obras incompletas* da Coleção "Os Pensadores" da Abril Cultural. Trata-se de uma seleção de textos, feita por Gérard Lebrun, oferecendo ao leitor um amplo panorama da obra nietzschiana.

## Sobre a biografia de Nietzsche

Daniel Halévy e, depois, Curt Paul Janz publicaram excelentes estudos sobre a vida do filósofo. Mais recentemente, veio a público o trabalho de Rüdiger Safranski.[97] Interessantes são também os depoimentos a respeito de Nietzsche feitos por

---

[97] Cf. HALÉVY, Daniel. *Nietzsche*. Paris: Bernard Grasset, 1944; em português, *Nietzsche. Uma biografia*. Trad. Roberto Cortes de Lacerda e Waltensir Dutra. Rio de Janeiro: Campus, 1999: JANZ, Curt Paul. *Friedrich Nietzsche. Biographie*. Viena: Carl Hanser Verlag, 1978-1979, 3 v.; em português, *Friedrich Nietzsche. Uma biografia*. Trad. Markus A. Hediger. Rio de Janeiro: Editora Vozes, 2015, 3 v.; SAFRANSKI, Rüdiger. *Nietzsche. Biographie seines Denkens*. Munique: Hanser Verlag, 2000; em português,

aqueles que lhe eram próximos, a começar pelo livro de Lou Andréas-Salomé.[98] Nele, a autora tem por propósito esclarecer o pensador através do homem; ela parte do pressuposto de que, em Nietzsche, obra e biografia coincidem. Cabe mencionar ainda as lembranças de Franz Overbeck, as de Paul Deussen e as de Georg Brandes.[99]

Dignos de nota são ainda os testemunhos que os contemporâneos de Nietzsche nos legaram a seu respeito. Recorrendo a relatos e a cartas, Geneviève Bianquis presenteia o leitor com uma obra rara. Nessa mesma direção caminha Sander L. Gilman, que reconstitui a biografia do filósofo através dos

---

*Nietzsche. Biografia de uma tragédia.* Trad. Lya Luft. São Paulo: Geração Editorial, 2001.

[98] Cf. ANDREAS-SALOMÉ, Lou. *Friedrich Nietzsche in seinen Werken.* Frankfurt am Main: Insel Verlag, 1983; em português, *Nietzsche em suas obras.* Trad. José Carlos Martins Barbosa. São Paulo: Brasiliense, 1992.

[99] Cf. OVERBECK, FRANZ. Berlim: Berenberg, 2011; em francês, *Souvenirs sur Friedrich Nietzsche.* Trad. Jeanne Champeaux. Paris: Allia, 2000; DEUSSEN, Paul. *Erinnerungen an Friedrich Nietzsche.* Munique: ELV Verlag, 2021; em francês, Trad. Jean-François Boutout. *Souvenirs sur Friedrich Nietzsche.* Paris: Gallimard, 2002; BRANDES, Georg. *Friedrich Nietzsche.* Londres: William Heinemann Editor, 1914; em francês, *Friedrich Nietzsche.* Trad. Anne-Marie Pinn. Paris: Stalker Éditeur, 2006.

depoimentos de seus contemporâneos. E ainda vai António Marques, que para apresentar a vida de Nietzsche recorre às suas cartas.[100]

## Apresentações gerais da filosofia nietzschiana

Uma obra de especialista, uma tese de doutorado, um texto didático, um livro de divulgação são todos bem-vindos, desde que tenham qualidade. Cada um cumpre a sua função e, do seu jeito, fala de filosofia. Nos dias de hoje, os livros de divulgação parecem inevitáveis. E, quando se trata de Nietzsche, faz pelo menos cento e vinte anos que eles existem — e se multiplicam. Desde os "círculos nietzschianos" que proliferaram na Alemanha na passagem do século XIX ao XX até a "paixão Nietzsche" que marca entre nós as últimas décadas.

Talvez sejam os livros introdutórios os mais trabalhosos de elaborar. Ao contrário do que se supõe, exigem do autor profundo conhecimento do

---

[100] Cf. BIANQUIS, Geneviève. *Nietzsche devant ses contemporains*. Mônaco: Éditions du Rocher, 1959; GILMAN, Sander L. *Conversations with Nietzsche. A Life in the Words of his Contemporaries*. Oxford: Oxford University Press, 1987; MARQUES, Antonio. *Nietzsche. Os vinte anos fundamentais a partir das suas cartas*. Lisboa: Círculo de Leitores, 1996.

assunto, acuidade para articular ideias, perspicácia para selecionar problemas – e, ainda, o tom adequado para falar ao público, com rigor e simplicidade, sobre as questões mais complexas. Por outro lado, é ingênuo supor que eles sejam meramente descritivos; sempre revelam um *parti pris* de leitura. Ainda mais quando tratam de pensadores controvertidos ou obras polêmicas.

Por isso mesmo, nada mais adequado do que indicar trabalhos diversos que adotam abordagens variadas e partem de diferentes pontos de vista para apresentar a filosofia nietzschiana. Em português, temos por exemplo o *Dicionário Nietzsche*, obra coletiva dos integrantes do GEN – Grupo de Estudos Nietzsche, o livro introdutório de João Evangelista Tude de Melo Neto e os textos reunidos no volume *Nietzsche e as cartas*.[101] E, para me dar a conhecer um tanto mais ao leitor, indico dois livros meus: *Nietzsche. A transvaloração dos valores*, de caráter mais geral, e *Nietzsche e a arte de decifrar enigmas. Treze conferências europeias*, uma reunião de ensaios

---

[101] Cf. GEN – GRUPO DE ESTUDOS NIETZSCHE, *Dicionário Nietzsche*. São Paulo: Edições Loyola, 2016; MELO NETO, João Evangelista Tude de. *10 Lições sobre Nietzsche*. Rio de Janeiro: Editora Vozes, 2017; DIAS, Rosa M.; OLIVEIRA, Marina G. de (orgs.). *Nietzsche e as cartas*. Rio de Janeiro: Via Verita: 2019.

sobre as principais obras do autor de *Assim falava Zaratustra*.[102]

Vale lembrar um importante texto de Gérard Lebrun, que esteve por mais de trinta anos entre nós. Amigo pessoal de Foucault, Lebrun sempre privilegiou pensadores como Nietzsche e Pascal. A eles recorria como instrumentos de trabalho; como operadores utilizava conceitos seus. Fazendo da filosofia uma história heterodoxa, tratou de apreender os pressupostos velados de um procedimento lógico, captar as ideias subjacentes a uma obra, diagnosticar o não-dito de um autor. A Lebrun, e a muitos que ele formou, a genealogia nietzschiana permitiu desvendar o ardil dos filósofos, praticar a desconfiança face às mais diversas formações ideológicas, enfim, questionar a vertente clericalista, teológica, cristã de nosso pensamento. Pois como escreve o próprio Gérard Lebrun: "Mas que outra coisa pretender, quando nos propomos a ler Nietzsche hoje? Muito se enganaria quem pretendesse travar conhecimento com um filósofo a mais. Nietzsche não é um sistema: é um instrumento de trabalho – insubstituível. Em

---

[102] MARTON, Scarlett. *Nietzsche. A transvaloração dos valores*. São Paulo: Moderna, 4. ed., 1996 e *Nietzsche e a arte de decifrar enigmas. Treze conferências europeias*. São Paulo: Edições Loyola, 2014.

vez de pensar *o que ele disse*, importa acima de tudo pensar *com ele*". Presença constante em seus escritos, Nietzsche ocupa lugar central no texto intitulado "Por que ler Nietzsche hoje?".[103]

Do outro lado do oceano, na França, há cerca de três décadas tanto a celebração eufórica do filósofo quanto sua apropriação política cederam lugar a um sério interesse pela posição que ele ocupa na história das ideias. Em várias ocasiões, mais admirado que alguns pensadores franceses contemporâneos seus; diversas vezes traduzidos, muitas outras comentado, autor de referência tanto para os literatos quanto para os acadêmicos; Nietzsche se põe hoje sobretudo como um objeto de estudo dos mais intrincados e complexos e, por isso mesmo, dos mais ricos e instigantes. Para essa nova visão do filósofo, foram decisivas as pesquisas de jovens estudiosos, tais como Emmanuel Salanskis e Blaise Benoit, pesquisas essas também presentes em livros de divulgação.[104]

Importa mencionar ainda o trabalho de Diego Sánchez Meca, que analisa o percurso intelectual

---

[103] In: *Passeios ao léu*. São Paulo: Brasiliense, 1983; quanto à citação acima, p. 38.

[104] SALANSKIS, Emmanuel. *Nietzsche*. Paris: Les Belles Lettres, 2015; BENOIT, Blaise. *La philosophe de Nietzsche*. Paris: Librairie philosophque J. Vrin, 2019.

de Nietzsche, e o volume organizado por Maria Cristina Fornari sobre edições e interpretações dos textos do filósofo.[105]

## Trabalhos sobre a recepção da obra de Nietzsche

São ainda raros em nosso país os trabalhos sobre a recepção das ideias filosóficas. Talvez porque, em nossa formação, por muito tempo nos dedicamos a ler a obra dos filósofos e a compreender o seu pensamento. Seguindo à risca o método estrutural, que reza jamais separar as teses dos movimentos lógicos que as produziram, ou empregando o método genético, que leva a refazer o itinerário intelectual do autor, ou mesmo aliando os dois procedimentos, aprendemos a ler os textos. Apoiando-nos numa bibliografia secundária, que sempre queríamos completa e atualizada, buscamos compreendê-los. E assim acabamos por perder de vista a maneira pela qual as ideias filosóficas chegaram e continuam a chegar até nós, que impacto provocaram e ainda provocam nos diferentes países, que resultados produziram e estão a produzir nas diversas gerações.

---

[105] MECA, Diego Sánchez. *Il itinerário intelectual de Nietzsche*. Madri: Editorial Tecnos, 2018; FORNARI, Maria Cristina (org.). *Nietzsche. Edizioni e interpretazioni*. Pisa: 2007.

No caso do pensamento nietzschiano, são ainda mais raros os estudos sobre a sua recepção entre nós. Recentemente, em 2015, surgiu o CENBRA – Centro de Estudos Nietzsche: Recepção no Brasil (https://www.cenbra.sites.unifesp.br), que tem por eixo principal discutir de modo amplo a importância da presença da filosofia nietzschiana na cultura brasileira do final do século XIX até os nossos dias. Fundado por Ivo da Silva Júnior, o CENBRA conta entre as suas atividades a organização do Seminário Permanente Nietzsche no Brasil.

## Últimas palavras

Importa lembrar os trabalhos realizados pelos integrantes do GEN – Grupo de Estudos Nietzsche. Perseguindo o objetivo de reunir estudiosos brasileiros do pensamento nietzschiano e promover a discussão acerca de questões que dele emergem, o GEN atua em três frentes principais, organizando as suas atividades em torno dos *Cadernos Nietzsche*, da Coleção *Sendas & Veredas* e dos *Encontros Nietzsche*.

Os *Cadernos Nietzsche* norteiam-se, desde a sua fundação em 1996, por duas diretrizes básicas: a de trazer ao público brasileiro as mais diferentes leituras do pensamento de Nietzsche, constituindo um espaço de conflito de interpretações, e a de acolher trabalhos de pesquisadores internacionais de renome, estudiosos brasileiros confirmados e pós-graduandos, promovendo um diálogo entre diferentes gerações. Lançados sempre nos meses de maio, setembro e dezembro, integram a base SCIELO e foram classificados como A1 pelo Qualis-Periódicos da CAPES (https://www.scielo.br/j/cniet/).

Criada no ano 2000, com o intuito de incentivar e aprofundar os estudos nietzschianos em nosso país, a Coleção *Sendas & Veredas* publica regularmente trabalhos expressivos sobre a filosofia de Nietzsche, estudos de recepção de suas ideias em diferentes países e textos de pensadores com quem ele mesmo dialogou (https://gen-grupodeestudosnietzsche.net/sendas-veredas/).

Os *Encontros Nietzsche* consistem num fórum permanente de debates acerca da filosofia nietzschiana. Promovidos duas vezes ao ano, acolhem os seus parceiros intelectuais, tanto da cena acadêmica nacional como internacional. Tendo lugar nos mais diversos estados do território nacional, procuram concorrer desde 1996 para a difusão da pesquisa sobre o pensamento de Nietzsche no Brasil (https://gen-grupodeestudosnietzsche.net/encontros-nietzsche/).

Por fim, vale destacar o grupo de pesquisa internacional HyperNietzsche (www.hypernietzsche.org). Reunindo pesquisadores das mais diversas partes do globo, organiza regularmente congressos, conferências e publicações sobre o filósofo. É também o caso da RIEN – Red Iberoamericana de Estudios Nietzscheanos (https://rediberoamericanadeestudiosnietzscheanos.wordpress.com/).

# Sobre a autora

Scarlett Marton é professora titular de Filosofia Contemporânea da Universidade de São Paulo (USP). Publicou no Brasil vinte livros, na maioria sobre a filosofia nietzschiana, entre eles: *Nietzsche e as mulheres* (2022); *Nietzsche, "o bom europeu". A recepção na Alemanha, na França e na Itália* (2022); *Nietzsche e a arte de decifrar enigmas* (2014); *Nietzsche, das forças cósmicas aos valores humanos* (3. ed., 2010); *Nietzsche, seus leitores e suas leituras* (2010); *Extravagâncias: Ensaios sobre a filosofia de Nietzsche* (3. ed., 2009); *A irrecusável busca de sentido. Autobiografia intelectual* (2004). Publicou na Itália a obra *Non dimenticare da frusta! Nietzsche e l'emancipazione femminile* (2023), na França a obra *Les ambivalences de Nietzsche* (2021) e na Argentina *Nietzsche y la nueva concepción del mundo* (2017). Publicou ainda ensaios em livros e revistas especializadas no Brasil, na Alemanha, na Áustria, na Bélgica, na Espanha, na França, na Itália, em Portugal, nos Estados Unidos, na Colômbia, na Venezuela, na Bolívia, na Argentina e no Chile. Fundou o GEN – Grupo de Estudos

Nietzsche; criou os *Cadernos Nietzsche*; idealizou a Coleção *Sendas & Veredas*; implementou o GT Nietzsche junto à Anpof. É membro de diversas associações científicas. Integra o comitê científico de HyperNietzsche; faz parte do conselho editorial de revistas e coleções de livros nacionais e estrangeiras, entre elas, *Nietzsche-Studien* e *Monographien und Texte zur Nietzsche-Forschung*.

Este livro foi composto com tipografia Adobe Garamond Pro
e impresso em papel Off-White 80 g/m² na Formato Artes Gráficas.